「ブランド」シリーズ 累計38万部突破！

社長がブランディングを知れば、
会社が変わる！

付加価値の法則

関野吉記
株式会社イマジナ 代表取締役

プレジデント社

はじめに

変化の渦中にいると、自分では、なかなかこれが時代の節目だということに気がつくことができない。
そして、数年経って後ろを振り返ったとき、あのときが節目だったと思い知るのです。私は、今がまさに、後でわかる時代の節目のような気がしてなりません。

ＳＮＳやＹｏｕＴｕｂｅの隆盛と既存メディアの衰退、テレワークが当たり前になったビジネスパーソン、ウーバーイーツの自転車、受付に置かれた消毒用アルコール、映画館やイベント会場の人数制限、外飲みからＺｏｏｍ飲み、街から消えた外国人、どこでもマスク着用、環境やエネルギー問題に対する関心の高まり……、実際、わずか数年で、私たちの日常は激変しています。

恐ろしいのは、これらの変化は決して一時的ではないということです。

たしかに、新型コロナウイルスの流行によって変わらざるを得なかったものもあります。けれども、それはコロナ禍が収束すれば、元に戻るとはかぎりません。

むしろ、その多くはパンデミックが収まった後も、このほうが合理的だと受け入れられ、新たな日常として定着するはずです。

ましてやデジタル化や社会問題に起因する変化が、それ以前の状態に立ち返ることなど絶対にあり得ないといえます。

ところが、世の多くの経営者は、それに気づいているにもかかわらず、行動に移せていないように見えます。彼らはたいてい、目の前の課題を解決し、今を乗り切ることに精一杯になっているので、立ち止まって昨日と今日が違うことを、感じ取る余裕がないのかもしれません。

だから、危険なのです。

これまではこのやり方でうまくいった。

こういうときは、もっと頑張ればなんとかなる。

そうでしょうか。

変わったのは日常の景色だけではありません。企業経営を上手に進める方程式も、同じように変わっているのです。

それなのに、無自覚にかつてのやり方を繰り返していたら、会社は必ず誤った方向に進み、やがて立ちゆかなくなります。

それだけはなんとしても避けなければなりません。なぜなら、会社は継続して利益を出し続けなければならず、その責任は、社長にあるからです。

だからこそ、会社を率いる社長は、常に正しい方向を見て、適切な判断を下さなければならない。

そして、過去にはこの方法で成功したけれど、もうそれは通用しないとわかったら、すぐさまそれに見切りをつけ、時代に合ったやり方に変えなければならないのです。

私は、そんな社長のために、新しい時代を切り拓く武器を用意しました。

それが、「ブランディング」です。

ただ、コロナ禍を境に、ブランディングの本質が大きく進化しました。

これから会社が生き残っていくには、社会に対し価値を提供するだけでは十分ではありません。この会社やこの事業が、なぜこの社会に必要なのかということを、社内に対しても、社外に対しても常に知らしめ、さらにそれが認知されているという事実が必要なのです。これこそが、本書のタイトルとした「付加価値の法則」だといえます。

これからの時代に効果的なブランディングとは何か、また、なぜそれが経営の武器になるのか、そして、付加価値の意味とはどういうことか、その解説はこれから本書でしていきます。

興味のある人はぜひご一読ください。この本を読んで、ブランディングの知識がないばかりに経営をしくじってしまったという社長が、日本からひとりでも減れば、こんなに嬉しいことはありません。

関野吉記

Contents

Chapter 2

企業永続への〝武器〟とは？ 061

Contents

Contents

Chapter 1

デキる社長は、今こそ変わる

成長を阻害する要因は、あなた自身かも？

企業としての付加価値を考え、ブランド構築、およびブランディングを実施するとき、企業を率いる社長自身が、何を、どのように発想して、どう進めていくのかが、非常に重要となってきます。ポストコロナ時代となるこれからは、社長の責務が、さらに重くなっていくことでしょう。

仕事がら、普段から多くの社長に会う機会があります。

ひと口に社長といっても、裸一貫から事業を起こした人や、親以上に会社を発展させた創業者一族の2、3代目、出世競争に勝利した大企業のエリートなど、いろいろなタイプがいますが、いずれの人も個性的で、人間的魅力にあふれています。

とくに創業社長の場合は、会社を立ち上げるところでまず覚悟を決め、リスクをとって、さらに、そこから何度も失敗を重ね、そのたびに這い上がるという経験をしてきているのが普通です。それゆえ、精神的にタフなのはもちろん、人をまとめる求心力もある。辛抱強く、判断も速い。まさに、「艱難汝を玉にす」ということわざを地でいっているのです。

さらに、彼らに顕著なのは、自分の経営スタイルに絶対的な自信をもっているという点です。自分がやってきたことは正しかった。努力の方向性は間違っていなかった。だから、事業は成功し、現在こうして会社を経営できているのだ。そう思っているのです。

社員だって、自分に自信がない社長の下では安心して働けませんから、社長が自信に満ちているのは、決して悪いことではありません。

ただ、その自信がさらなる成長の足を引っ張ったり、会社の将来を危うくしたりする要因にならないともかぎらないということは、自覚しておくべきです。

自分のやってきたことが正しかったから、今の成功がある。

これはある意味真実ですから、過去の栄光は大いに誇っていいと思います。問題は、その成功体験がこれからの会社経営に与える影響です。

たとえば、自身が構築したビジネスモデルがうまくはまって、毎年2割の売上増を3年間続けているとします。

さて、このまま現在のビジネスモデルを継続していけば、この先もずっと同じペースで売上は伸びていくのでしょうか。

もちろん、そうとは言えません。あるビジネスモデルを構築し、それで過去3年間、毎年、年2割増の売上を達成できたという事実。ここからいえるのは、その3年間という特定の環境下において、そのビジネスモデルが効果的に機能したということの証明だけだといえます。

市場の動向、顧客の嗜好の変化、社員のモチベーション、技術革新、景気変動など、ビジネスにはさまざまな変数が関与しています。それらがほとんど変化していないのならば、同じビジネスモデルを継続するという経営戦略は有効です。しかし、諸条件が変われば、ある環境下に最適化したビジネスモデルは、たちまち陳腐化し、その有効性は失われます。

だからこそ、常に、ビジネスモデルの点検とブラッシュアップは欠かせないのです。

ところが、こうやったらうまくいったという成功体験は、社長にとって強烈な〝麻薬〟のようなものなので、自力でそこから抜け出るのは容易なことではありません。

思うように売上が伸びなくなったら、まずやるべきは、展開しているビジネスモデルが、現在の環境に適合しているかの検証でなければならないはずです。

しかし、社長が、これまでのやり方が絶対的な正解と思い込んでいると、本来真っ先に手をつけなければならないビジネスモデルの検証はおざなりにならざるを得ません。それで、「やり方は間違っていないのに結果が出ないのは、頑張りが足りないからだ」と社員にこれまで以上のハードワークを課すことで、解決を図ろうとする。このように、社長が過去の成功の追体験にこだわるあまり、変化に対する対応が遅れて、会社の業績が低迷していくというケースは、決して少なくないのです。

これは大手企業であっても例外ではありません。かつて日本経済を牽引していた家電メーカーは、1990年代後半から韓国、台湾、中国といった新興国が、技術のコモディティ化と安価な労働力で市場に参入してきたとき、過去のあまりに大きな成功体験の呪縛から逃れられず、自ら変わることができませんでした。そのため、あっという間に市場におけるプレゼンスを失ってしまったのです。

過去の成功体験には、危険がいっぱい……

「成功したかったら、人の2倍、3倍働けばいいのです。私自身も起業してから数年は、早朝から深夜まで、週末も関係なく1年中働きました。今はコロナ禍で、当社も決して楽な状況ではありませんが、全社員が一丸となって頑張れば、必ず乗り切れると信じています」

必死で働けば、会社は繁栄する。

そう公言してはばからない社長は、少なくありません。そうやって現在の地位を築いたと信じている社長にとっては、時間と体力の許すかぎり会社のために尽くすのは当然のことです。

「長時間労働の何が悪いんだ、仕事が終わらなければ残業するのが当たり前だろ」というのが彼らの基本的な労働観ですから、こういう人が社長を務める会社は、かつては、かなりの確率でブラック企業となりました。

業績がよく、平均より高い給料を払っていても、社員の定着率が悪いため常に求人し続けなければならず、無駄に採用コストがかかるというのも、この手の企業の特徴です。

それでも、政府が「働き方改革」を提唱し、残業に対し行政が厳しい目を光らせるようになってからは、ブラック企業も減りつつあります。しかし、それで日本企業の労働環境が劇的によくなったかというと、そういうわけではありません。

そういう社長は、表面的には働き方改革に理解を示すような顔をしていても、心のなかでは相変わらず社員が滅私奉公するのは当たり前、ワークライフバランスなんて甘いことをいっていたら、厳しい競争に勝てるわけがないと思っているからです。

それで、働き方改革など気にせず残業を繰り返して結果を出した社員を表彰したり、出世させたりする。

そうすると、それが会社からのメッセージとなって社員に伝わることになります。結局、トップの考え方が変わらないかぎり、社内の労働環境はいつまで経っても改まらないのです。


コロナ禍で業績が低迷しているところに、働き方改革などといって社員の労働時間を減らしたら、さらに経営が苦しくなるではないか。

そう言いたくなるのもわからなくはありません。

しかし、よく考えてみてください。売上や利益が伸びないから、社員にはこれまでよりさらにハードに働いてもらうという考え方には、果たして正当性があるのでしょうか。

労働時間を増やせば、その分生産性が高まるというのは、言ってみれば高度成長期の発想です。当時は、ホワイトカラーの仕事も労働力に対する依存度が高い労働集約型だったので、社員の労働時間を増やせば、それに比例して成果も上がりました。

また、そのころは市場を取り巻く環境が短期間で極端に変わることはなく、仕事の中身も、ほぼ毎年同じことの繰り返しでした。それゆえ、監督やコーチの指示命令に疑問を挟まず従順に従う姿勢が身についていて、長時間労働にも耐えられる、体育会系の社員の評価が高かったのです。

現在は、仕事の仕方もずいぶん変わってきています。

最新のテクノロジーを駆使する社員が、額に汗してひたすら長く働く社員よりも、短時間でより多くの成果を上げるのは、今ではどの会社でも普通に見られる光景です。

また、残業という行為自体が悪いというわけではありません。単なる雑務をするために、会社に残って仕事をするということが無駄なのです。優秀な社員は、業務時間外でも「考える」という作業を、日々、実践しています。従って、社員に対して、ワークライフバランスのなかでも、「常に、考えるように」と指導することは、社長として必要なことだといえます。

加えて、当時とは比べものにならないくらい、変化のスピードが速くなっています。とくにＩＴ関連は技術革新が著しく、数年前までは「ドッグイヤー」と呼ばれていましたが、今ではさらに速度が上がり、最近は「マウスイヤー」という言葉も使われ始めました。

ある分野でひとたびイノベーションが起これば、それまでのやり方はたちまち競争力を失い、ビジネスモデルは陳腐化する。それが、今という時代です。

私は、これからは、環境の変化に柔軟に対応できる会社でないと、生き残るのは難しいと思っています。

言葉を換えればそれは、「自らイノベーションを起こせる」会社です。

そうなると、社員に求める能力も、当然、昔とは違ってきます。具体的にいうと、最も必要とされるのは、自ら課題を発見し、さらに、その課題を、どうしたら解決できるかを自らの頭で考えられるということです。

しかしながら、これまで指示に従って動くことしかやってきていない社員に、いきなり「今日から課題を自分で考えろ」と社長が尻を叩いても、それは無理に決まっています。

もちろん、現在でもタスクをこなすような仕事は残っているので、体育会系的な社員はまったく戦力にならないということはありません。けれども、ハードワークが好きな社長が、ハードワークに耐えられる社員ばかり集めている会社の未来は、かぎりなく暗いといわざるを得ないのです。

ついでに言うと、必死に働いたから成功したのだと信じている社長は、そのこと自体を一度疑ってみたほうがいいと思います。

もちろん、早朝から深夜まで働き続け、土日も仕事ずくめだったという過去は自分が体験したことですから、記憶のなかで多少デフォルメされていることを差し引いても、概ね真実であるのは間違いないでしょう。

問題は、そのすさまじい働き方が、本当に成功へつながる主要因なのかという点です。

もしかしたら新規事業がうまくいったのは、たまたま他社の準備が間に合わず、参入が遅れたからかもしれません。その場合、成功の主要因は、「タイミング」もしくは「運」ということになります。

でも、なんとか成功させようと死にもの狂いで働いたという記憶が強烈だと、必死で働けば成功するという単純な方程式が、頭のなかにでき上がってしまうのです。

自らの努力で道を切り拓いたというストーリーは、誰にとってもわかりやすく、気持ちがいいものなので、成功要因は相当冷静な目で分析しないと、たやすくこの罠にかかってしまいます。著名な起業家などが自分の半生を綴る、いわゆる「成功本」にも、たいてい立ち上げのころの苦労話が、これでもかと書かれているのは、まさにこのことを物語っています。

必死で働いたことが成功の主要因ではないのに、そう思い込んでいる社長は、社員にも自分と同じような働き方を要求します。

ところが、21世紀の仕事というのは、とにかく一生懸命に頑張れば、うまくいくというものばかりではありません。とくに、クリエイティビティの高いイノベーティブな仕事はなおさらです。

最終的にみんなが必死で働けばなんとかなる。だからもっと頑張れ。

いまだにそういう発想しかできない社長に、今後の会社の舵取りは難しいといわざるを得ません。

従うべきは、業界のルールではない

中国を訪れると、田舎町の露店でも、誰もが当たり前のようにスマートフォンで支払いを済ませている光景にびっくりさせられます。

中国では2004年にサービスを開始したアリペイに次いで、ウィーチャットペイメントが2013年にモバイル決済サービスに参入すると、以来、キャッシュレス化が急速に進みました。今では現金が使える店を探すのが難しいほどです。

一方、日本はどうかというと、個人消費に占めるキャッシュレス決済の割合はまだ約3割。先進国のなかでもかなり後れを取っています。日本の台所、豊洲市場でも、キャッシュレス決済に対応している店はほとんどありません。

２０１８年10月にそれまでの築地からここに移転した際には、業者の商機拡大や効率化のために、国が電子商取引やキャッシュレス決済の導入を積極的に推進していくとアナウンスしていました。それが、あれから3年も経っているというのに、いまだにほとんど変化が見られないのはなぜなのでしょう。

仲卸業者が買出人に販売する場合は、信用を担保に「15日締めの月末払い」か「月末締めの翌15日払い」の掛取引、店先で魚を選んで買う飲食店や個人の場合は、現金を場内の帳場で支払う現金取引がほとんど。

水産業界ではこれが、長年の商習慣として定着しています。今までずっとそうやってきて、とくに不都合も感じていないので、わざわざキャッシュ

デキる社長は、今こそ変わる

レス決済に移行しようというインセンティブが働かないのです。

キャッシュレス化の流れは、今や世界のトレンドだといえます。経済産業省が2025年までにキャッシュレス決済比率を4割程度まで高め、将来的には世界最高水準の8割を目指すという目標も掲げているので、日本でもキャッシュレス化はこれから確実に進むでしょう。

私の肌感覚でも、日本の若者にとってキャッシュレス決済は、すでに日常のものとなっています。

電子マネーやクレジットカードが使えるようになれば、多額の現金を持ち歩く必要はありません。そうなると、これまでせっかくいい魚を見つけたのに手持ちの現金が足りずにあきらめていた人も、躊躇しなくてもよくなるので、店側はそれだけ販売機会が増えるのです。

また、ツケ払いをしなくてもすみますから、売掛代金の手間や貸し倒れのリスクもなくなります。

だからこそ、豊洲市場で働く人たちも、自分たちのビジネスをさらに発展させたいのならば、業界の習慣にとらわれず、今すぐキャッシュレス決済を導入すべきなのです。現在は、クレジットカードや電子マネー決済の導入コストは、数年前と比べ格段に下がっています。2次元コード決済なら、2次元コードをプリントアウトしてカウンターに置くなり張り付けるなりしておくだけでよく、専用端末も要りません。

費用対効果を考えたら、躊躇する理由を探すほうがよっぽど難しいとすらいえます。それなのに、歴史が古い業界の人ほどやらない。検討をしようとすらしないのです。

動いているものは動き続け、止まっているものはそのままそこに居続けようとする「慣性の法則」は、人や組織にも当てはまります。

これまでやり続けてきたやり方を変えるには、外からの強い力、もしくは変わらなければならないという内発的動機づけが必要です。

キャッシュレス決済の導入に耳を傾けようとしない人は、これから先もお客さまや取引先は、自分たちが決めたルールに従ってくれるはずだと、楽観的に考えているのでしょう。

しかし、その楽観に根拠はありません。

キャッシュレス化が浸透すれば中国のように、人々は現金を持ち歩かなくなり、買い物はスマートフォンでするようになります。

そのときキャッシュレス決済に対応していない店や会社は、圧倒的な不利を被ることになるのです。

適応しなければならないのは、新しい時代のやり方であって、カビの生えた仲間内の約束事ではないのです。それができない経営者は、どんなに頑張っても淘汰される運命にあるといえるでしょう。

「昨日の常識は、今日の非常識」と理解する

現代の経営は、あらゆる常識や思い込みを疑うところから始めるべきである、というのが私の意見です。

ビジネススクールで教わるような経営理論やフレームワークも、疑う対

象に含まれます。実際、それらをそのまま経営に取り入れて、うまくいっている会社を私は知りません。

ビジネススクールで教わることを頭から信じてはいけない理由は、2つあります。

ひとつは、すでに述べたように、市場を取り巻く環境変化が速すぎて、数年前に通用していたやり方もすぐに陳腐化してしまうから。ブロックチェーン、SNSによるマーケティング、DXなどの知識は、経営戦略を考えるうえで不可欠です。ところが、多くのビジネススクールでは、こういった最新の知識や情報が登場する以前の企業事例が教材となっています。いまさらそんなものを学んでも、ほとんどの場合、労多くして功少なしという結果に終わるでしょう。

もうひとつは、「生存（者）バイアス」。

成功した会社のやり方を真似れば、自分たちも同じように成功できる。

これこそが典型的な生存（者）バイアスの思考です。

生き残ったものにだけ価値を見出して評価することも、生存（者）バイアスといいます。

なぜこれがバイアスなのかというと、その評価には生存（者）以外のデータが欠落しているからです。

ビジネススクールが取り上げるのは、成功した会社でしょう。そして、その会社のビジネスモデルを研究し、成功の方程式を導き出すのです。

しかし、同じようなビジネスモデルでありながら、成功しなかった会社があることが考慮されていません。

つまり、成功事例を集めたビジネススクールの教科書には生存（者）バイアスがかかっているので、そのとおりに経営しても、必ずしもうまくいくとはかぎらないのです。

もちろん、他社の成功事例を研究すれば、ビジネスのヒントを見つけることはできるでしょう。ただし、それはあくまでヒントであって、そこに答えがあるわけではないのです。

優れた商品やサービスをつくって提供すれば、市場で評価され、顧客を獲得できるはずというのも、典型的な思い込みです。

Ｎｅｔｆｌｉｘは、数年前から、自社のオリジナル作品を制作する際は、事前にプロデューサーや監督、役者、撮影クルーなどすべての関係者に対し、「リスペクト・トレーニング」を実施しています。

私も一時期映像制作の仕事に携わっていたのでよくわかりますが、撮影現場というのは東西を問わず、昔からパワハラやセクハラが起こりやすい、典型的なブラック職場だといえます。

しかし、昨今は世界的な人権意識の高まりや、「＃ＭｅＴｏｏ運動」の影響などで、「そういう業界だから」「みんな我慢してきた」といった言い訳を、社会が認めなくなってきました。

そこで、世界中に幅広い層の顧客をもつＮｅｔｆｌｉｘは、いち早く撮影現場からハラスメントを一掃すると決めたのです。

スタッフやキャストがお互いを尊敬し尊重し合っていれば、ハラスメントは起こりにくくなります。それには、かかわる人たちの意識を変えればいい。そうして、リスペクト・トレーニングが誕生しました。

もちろん、それはこれまで慣れ親しんだやり方を否定するわけですから、戸惑いや軋轢も起こるだろうことは想像に難くありません。また、Ｎｅｔｆｌｉｘには、余計なコストも発生してきます。


いい作品さえ提供していれば、顧客は満足する。

今でもそう信じて疑わない映像関係者は、決して少なくないはずです。

しかし、Ｎｅｔｆｌｉｘの経営陣は、どんなにいい作品であっても、立場の弱い人間の犠牲のうえに成り立っていることが明らかになれば、人々はそれを支持しなくなると考え、リスペクト・トレーニングを導入することでその姿勢を示しました。

これは、きわめて賢明な経営判断だといっていいと思います。


今回の東京オリンピック・パラリンピックでも明らかになったように、今や人権問題は、誰もが避けて通れない世界的なテーマのひとつです。

環境やエネルギーといった社会問題にも、注目が集まっています。

そして、それらは人々の消費活動にも影響を与え始めました。

たとえば、「エシカル消費」。これは、人権や地球環境に対して十分に配慮された商品やサービスを選択して買い求める、倫理的な消費行動のことです。

これまで多くの人は機能、利便性、デザイン、価格などで商品やサービスの購入を決めていました。ところが、近年は、自然を棄損する材料や原料が使われていたり、劣悪な労働環境でつくられたりしているものは買わないエシカル消費が、とくに人権や環境に対する意識の高いヨーロッパを中心に広がりつつあります。

2021年5月には、強制労働が行われている中国・新疆ウイグル自治区産の綿を使用しているという理由で、アメリカ税関・国境警備局がユニクロのシャツの輸入を差し止めました。これは日本でも大きく報道されたので、覚えている人も多いと思います。

この流れはもはや止めようがありません。

だからこそＮｅｔｆｌｉｘは、先行投資をして、リスペクト・トレーニングを始めたのです。

いいものさえつくっていれば評価されるというのは、すでに時代遅れの考え方なのです。

会社が小さいのは、ハンデではない

就職情報会社が毎年発表している、大学生が就職したい人気企業ランキングを見ると、相変わらず上位には伊藤忠商事、日本生命保険、三菱商事といった大手企業が名を連ねています。

日本経済にかつてのような勢いがなく、先行き不安だからこそ、安定している大手企業に入社したい。

学生にはそんな心理が働くのでしょう。

でも、大手だから安定しているというのは本当なのでしょうか。

時代に合った価値を提供できなければ、その企業に存在価値はありません。それは、大手企業も中小企業も一緒です。

たしかに、大手企業はヒト・モノ・カネという経営の3要素に恵まれているという点では、中小企業より有利に映るかもしれません。

しかし、それらが豊富だから、時代に合った価値を提供できるというわけではないのです。

いい例が、デジタル書籍。売上上位企業を見ると、メディアドゥ、インフォコムといったベンチャー企業が目立ちます。

もし大手企業が有利というなら、出版社や印刷会社のビッグネームが市場を押さえていてもおかしくないはずです。ところが、現実はそうなっていません。

理由は、はっきりしています。

そういう大手企業は、現在、利益を生み出している既存のビジネスモデルに資源を集中しているため、社内からベンチャーを生み出す余裕がないのです。

デジタル書籍という新しい市場に参入するにしても、それを現在の本業に代わる会社の収益源にしようという意気込みでやるわけではありません。だから、プロジェクトチームのリーダーやメンバーにはエースではなく、本流から外れた人材が選ばれるのが普通だし、よほどの利益が見込めないかぎり、予算もそれほど付けてはもらえない。失敗してもメンバーは、また社内の元の部署に戻ればいいのですから気が楽です。

一方、ベンチャー企業は、全員がその事業一本にかけているため、最初から意気込みが違います。わずかな可能性であっても、そこにもてる力のすべてを注入することを惜しみません。

ゆえに新しい市場では、かなりの確率でベンチャー企業が勝利を収めるという現象が起こるのです。

大手企業の場合は、既存の事業が足かせとなる場合もあります。

それが顕著なのが、電気自動車の分野です。

2020年7月1日、イーロン・マスクがCEOを務める「テスラ」は、時価総額でトヨタ自動車を追い抜いて、自動車メーカーで世界一になりました。テスラが、最初のモデルであるロードスターの生産を開始したのが2008年。それからたった10年あまりで、トップに立ったのです。

21世紀になったころから、将来、自動車は、ガソリン車が電気自動車に取って代わられるといわれていました。しかし、最終的に電気自動車で勝利したのは、大手自動車会社ではなく、ベンチャー企業だったのです。

ヒト・モノ・カネで圧倒的に有利な大手自動車会社は、なぜ勝てなかったのでしょう。理由はいろいろ考えられますが、最も大きかったのは、ガソリン車という財産です。

大手自動車会社は、ガソリン車で成功しているために、それを維持する盤石の生産体制もでき上がっています。そのため、そう簡単に電気自動車に軸足を移すことができないのです。

電気自動車の製造に必要な部品点数は、ガソリン車の半分以下といわれています。

もし大手自動車会社が電気自動車にシフトすれば、社内の製造ラインに加え、系列の部品メーカーで数十万人の雇用が失われることになるのです。大手自動車会社は、この問題をどう解決するかも、併せて考えなければいけません。これは電気自動車の開発以上に、大きな経営課題だといえます。

一方、ベンチャー企業のテスラは、そんな悩みとは無縁です。世界中でスタートアップが、あっという間にユニコーン企業（企業価値または時価総額が10億ドル以上の未上場ベンチャー）や、デカコーン企業（同100億ドル以上の未上場ベンチャー）になれるのは、大手企業のような重荷となるレガシーがなく、身軽であるというのも、その理由のひとつだといえます。

このようにベンチャーや中小企業というのは、今やハンディキャップでも何でもありません。

「会社が小さいから、大手と競争しても勝てるわけがない……」というのは、前時代の思い込みにすぎないのです。

企業を率いる経営者は、まずは、これを理解すること。そして、自社の価値をあらためて見つめ直し、前へと進むときが、いよいよ到来したと考えるべきでしょう。

人を育てるのが社長の仕事

現状での会社の状態は、決算書などの経営数字を見ればだいたいわかりますが、将来性を判断するのは簡単ではありません。

私は、その会社が、若い世代が活躍できる環境を用意しているかどうかを、ひとつの判断基準にしています。

戦後の日本では大手企業も中小企業にも、「終身雇用」と「年功序列」といった制度があるのが普通でした。経済が右肩上がりで、社会の変化が少なく先の見通しがいい時代には、それが合理的だったのです。

ところが、1990年代前半にバブルが崩壊すると、日本経済は急激に活力を失い、その後も長きにわたって停滞が続くと、どの会社も社内に余剰人員を抱えておく余裕がなくなり、終身雇用は崩壊しました。

しかし、年功序列のほうは儒教文化が根付いている日本と相性がいいせいか、今でも多くの企業がこれを、人事制度として採用しています。

年功序列制度には、人事評価が明確で管理がしやすく、長く働くほど待遇や給料がよくなるため、社員の定着率が上がるといったメリットもありますが、一方で、年齢が若いと下働きのような仕事しか与えてもらえず、実力ある若手が力を持て余すということが起こりがちです。

かつて伊藤忠商事の社長を務めた丹羽宇一郎氏も、その著書『仕事と心の流儀』（講談社現代新書）のなかで、「入社して10年間くらいはアリのように地を這い、泥にまみれて、がむしゃらに働け」という持論を述べています。

これは、高度成長期を生き抜いてきた世代に共通の労働観であり、さすがの丹羽氏は、その本質を捉え、当時の様相に沿った的確な発想をしているといえます。

一方、ホリエモンこと堀江貴文氏は、10年前から別角度で語ります。彼には、常に、賛否両論がつきまといますが、若者に下働きしかさせないことを否定した、次のような発言があります。

「麓からコツコツ山を登っていったら、社長になれたとしても50、60歳になってしまう。その歳では、最先端のことなどわかるはずがない。若者は『社会に出たらまずは雑巾がけから始めろ』と、したり顔で言う上の世代など無視して、今すぐヘリコプターで頂上を目指すべきだ」

丹羽氏は、若いうちはたとえコピー取りのような退屈な仕事しかやらせてもらえなくても、決してクサらず、心を込めて取り組めば、やがて視野が広がって、アリからトンボに成長できるといいます。大手企業でしたら、現在でも、こういった流れがあるかもしれません。

しかしながら、中小企業に勤める社員は、コピー取りばかりやっていたら、コピーが上手にできるようになるだけで、経営やリーダーシップのスキルが身につくはずはありません。

それに、中小企業に必要なのは、自ら新しい価値を生み出すことのできる人材です。

そして、それにはインターネットやコンピュータの知識が不可欠であり、そういう分野に関しては、デジタルネイティブと呼ばれる若い世代のほうが、経験だけはあるが電話やファクスというアナログツールしか使ってこなかった旧世代よりも、確実にアドバンテージがあります。

今は、会社で何年も修業を積まなければ一人前になれない時代ではないのです。大事なのは価値創造ができるかどうかで、年齢や経験は関係ありません。若くても能力があるのならどんどん仕事を与えるべきですし、そういう環境が整っている会社のほうが、旧態依然の年功序列でしか人材登用や評価ができない会社より、確実に将来は明るいといえます。

Ｇｏｏｇｌｅ・ＣＥＯのサンダー・ピチャイ氏、ＩＢＭ ＣＥＯのアービンド・クリシュナ氏、元ソフトバンクグループ副社長で現・パロアルト・ネットワークスＣＥＯのニケシュ・アローラ氏など、世界のＩＴ企業のトップを何人も輩出し、近年注目を集めているインド工科大学（ＩＩＴ）を卒業したメンバーは、成績優秀者だと新卒でも年収１５００万円は下らないといわれています。

それでも、毎年彼らをＩＴエンジニアとして採用したいという企業が世界中から引きも切らないのは、いうまでもなく、年収に見合う、もしくはそれ以上の価値をすぐに生み出してくれると期待していて、なおかつ、それができる場がそれらの企業にあるからです。

ＩＴエンジニアというのは、たしかに特殊な例かもしれませんが、他の職種でも年功序列はすでに意味をもたなくなってきています。

これから主力事業一本だけで、会社を継続させていくのは至難の業です。時代の変化に合わせて新しい事業が次々と立ち上がる、そんな体制をつくれるかどうかが、その企業の命運を握っているといっても過言ではありません。そうなってくると社長以外にも、経営感覚をもったリーダーが複数必要です。

日本の会社ですと、仕事がそこそこできる中堅社員が、新規事業のリーダーを任されます。

しかし、いくら頼もしく見えても、リーダーとしての訓練を受けておらず、それまで組織の一員として上からの指示に従い成果を出してきただけでは、通常、リーダーは務まりません。たとえば、そういう人はたいてい、間違えたらすべてを失うような意思決定には耐えられず、今ここで大事な決断をしなくてはならないときも、まずは社長の意向を確認してからというような態度をとります。

こんなリーダーに率いられた組織では、プロジェクトの中身がどんなに優れていても、絶対に成功できないでしょう。

それがわかっている社長だと、実績ある人間を外から引っ張ってきて、リーダーに据えようと考えます。これはうまくいく場合もありますが、企業のミッションやビジョンを理解し、給料に見合うだけの働きをしてくれるリーダーを探して連れてくるのは決して簡単ではありません。そして、人選に失敗した場合、その企業は余計なコストを支払わなければならなくなるので、リスクが大きいといえます。

それよりも、リーダーは適性とやる気のある若手を社内で抜擢し、育成するほうがよほど確実です。実際、これらに気がついた企業は、すでにプログラムをつくって実行し、成果を上げています。


若手の抜擢人事で有名なのが、サイバーエージェントです。

同社は、多い年は20、平均すると年間10程度の子会社を創設しています。つまり、それだけの数の社長が誕生しているのです。

毎年10の新規事業というのも驚異的ですが、さらに驚かされるのは、それぞれの社長がことごとく若いということ。

入社1年目の「新卒社長」もいれば、なかには入社前の内定の段階で、すでに社長を任されている人もいるのです。

これは、一見、奇をてらった無謀な試みのようにも思えますが、実はこれは計算し尽くされた、実に合理的なリーダー育成法なのです。

新会社の役員には、必ず、本社の取締役がアドバイザーとして1人加わり、本社の経理、人事、法務からも、各1名がサポートに付きます。このようにバックアップ体制もある一方で、1年で1億円の利益を上げられなかったり、5四半期連続で赤字が続いたりした場合は事業を継続しないといった、撤退のルールも明文化されており、その責任はもちろん社長がすべて負うのです。

経営をするためには、数字に無頓着というわけにはいきません。社長となった人間は、必要に迫られて必死で勉強するので、貸借対照表や損益計算書といった決算資料も全部理解できるようになります。そのスピードは、座学の比ではありません。

いちばん大きいのは、意思決定の頻度です。社員の給料から投資判断まで、社長はその都度判断を迫られ、意思決定を行います。その数が多ければ多いほど、決断に対する恐怖は薄れ、意思決定の質は高まります。

この経験があれば、中堅社員となってより大きなプロジェクトのリーダーを任されたときにも、プレッシャーに負けて瞬時に決断を下せないというようなことのない、タフなリーダーになれるのです。

それにしても、昨日まで学生だったような社員に新会社の社長を任せて大丈夫なのでしょうか。実は、若いうちに大きな決断経験をさせるというのは、サイバーエージェント・藤田晋社長の実体験がベースにあるのです。

藤田氏が、同社を創業したのは24歳のとき。そこから、さまざまな苦難を乗り越えてきました。ただ、社員であっても、20代でこれに匹敵するような経験をしていないと、40代になったときに、現在の自分を抜くことはできない。

会社がこれから先も発展していくには、今40代である自分を追い越すような、20代の社員が、当たり前のように出てくる組織でなければならないと、藤田氏は考えているのです。

サイバーエージェントのこの制度には、もうひとつ注目すべき点があります。それは、たとえ新会社の経営がうまくいかず、撤退して本社に損害を与えたとしても、そのことだけでリーダー失格の烙印を押されることはないという点です。

同社のミッションステートメントのなかにも「挑戦した敗者にはセカンドチャンスを。」という一文があるように、意欲さえあれば何度もチャレンジできるというのが、サイバーエージェントのカルチャーなのです。

若手が活躍できるステージを用意し、失敗しても再チャレンジできる文化がある。そういう会社であれば、確実に人は育ちます。

コロナ禍が収束しても、働き方は戻らない

どれほどの人が自覚しているかわかりませんが、わずか数年前と比べても、日本人の労働環境は大きく変化しています。

最も顕著なのは、長時間労働が許されなくなったことでしょう。

ワークライフバランスや「残業ゼロ」は、トリンプ・インターナショナル・ジャパンの元社長・吉越浩一郎氏や、東レ経営研究所の元社長・佐々木常

夫氏らが、もう10年以上前から提唱していましたが、一向に浸透しませんでした。社員を長時間働かせて、それで業績を上げてもそんなのはフェアじゃない、競争には必ず守るべきルールがあるというのが欧米の発想ですが、日本はそうではありません。

「社員をとことん働かせる」という考え方が、高度経済成長という国を挙げての成功体験となったため、経団連も長らく本気で、残業規制に動こうとはしなかったのです。

しかし、市場の国際化が進むとともに、効率や能率を上げないと、社員をどれだけ長く働かせても競争に勝てないという現実に、日本の経営者は直面させられることになります。また、労働者の人権に対する意識も高まり、社員やアルバイトに長時間労働を強いる会社はブラック企業と呼ばれ、社会的な信用を得られなくなってきました。

２０１５年12月に、電通で新入社員の女性が過労自殺し、世間の批判にさらされて社長や幹部社員が辞任に追い込まれたのは、記憶に新しいところだと思います。

なんといっても決定的だったのは、2018年6月に、当時の安倍政権が国会に提出した「働き方改革関連法」が成立し、翌年4月（中小企業は20年4月）に残業時間の上限規制を定めた法律が施行されたことです。

これによって、外回りの営業社員が帰社するのを待って退社時間後に会議を設定したり、プレゼン前日の夕方に、「これから資料をつくれ、残業してても絶対に間に合わせろ」と上司が部下に命令したりといった、それまで日本の会社で当たり前のように行われていたことができなくなりました。

裏を返せばこれは、部下に残業をさせずに結果を出すというマネジメントスキルが、どの中間管理職にも求められるようになったということにほかなりません。

また、これまで評価の高かった、いつも遅くまで会社に残っていて、誰よりも働いているように見える社員の株は暴落し、逆に、短時間で要領よく結果を出せる社員の評価が、これから間違いなく高くなっていくでしょずです。もちろん、企業が求める人材像も、この基準に従って変化していくはずです。

さらに変化を加速するブースターとなったのが、今回のコロナ禍。

通勤の満員電車や職場での感染を防ぐために、多くの企業がテレワークを導入しました。コロナ禍以前は、住宅事情が悪く集団性を重視する日本では、テレワークは根付かないと、評論家や専門家と名乗る方がもっともらしく解説していたのに、やってみたら意外とできてしまったのです。

とくに若い人ほど、テレワークに対し拒否感や嫌悪感は少ないといっていいでしょう。むしろ、通勤の負担がないというメリットを十二分に享受しているように見えます。コロナ禍に見舞われてから、神奈川県の三浦半島や静岡県三島市といったこれまでなら都心に通うには遠すぎて住めなかった地域にも、移住する人が増えているといいます。そういう人たちにとっては、余暇を楽しみながら仕事をする「ワーケーション」というスタイルを可能にしてくれたテレワークこそが、望ましい働き方なのです。

また、都会の会社に勤めながら、地方にも生活拠点を置く二拠点生活を選ぶビジネスパーソンも増えています。2019年4月にサービスを開始し、全国200拠点に定額住み放題の多拠点コリビングサービスを提供しているADDressの佐別當隆志社長によれば、コロナ禍になってから会員数がそれ以前の3倍に増えたということです。

新型コロナウイルスの猛威は、最近になって落ち着きつつあるように見えますが、この先どうなるのか相変わらず予断を許しません。

100年前に世界的に大流行したスペイン風邪も収束までに3年かかっていますので、それを考えると最低でもあと1年は、コロナ禍が続くことを覚悟しなければならないのではないでしょうか。

それでも、いずれ人類の英知によって、流行は必ず終わります。

「そうしたら、またコロナ禍以前の働き方が戻ってくる」

そう思って、その日を待ち望んでいる人も少なくないはずです。昭和や平成に自分が経験したやり方が染みついている人は、とくにそうだと思います。なぜなら、そういう人たちにとって現在のテレワークは、あくまで緊急時の急場しのぎに過ぎないからです。

郊外の自宅からJRや私鉄に乗って都心の会社に通い、そこで仲間と机を並べて仕事をして、居酒屋で一杯飲んで帰宅するというのが、彼らには日本のサラリーマンの正しい姿として刷り込まれています。

でも、おそらくそうはならないでしょう。

長年日本の会社にありながら、そういうものだと思って見過ごしてきた不合理や理不尽さを、コロナ禍は一気に顕在化させてくれました。

たとえばオフィス。テレワークでも業務ができるとわかれば、会社は必ずテレワークを選択します。テレワークが中心なら、社員全員が毎日出社するのを前提にした広さのオフィスは必要ありません。机も個人専用ではなく、出社した人がどこに座るか自由に選べるフリーアドレスにすれば、それまでの4分の1もあれば十分です。

こうしてオフィスの床面積を減らせば、その分固定費が少なくなるというのに、コロナ禍が去ったからといってテレワークをやめるというのは意味がわかりません。

2021年7月現在、日立製作所やNTTは出社率を2割に引き下げており、三菱ケミカルやホンダは、原則、在宅勤務です。この体制で業績が下がっているわけではないので、昔のやり方に戻さなければならない理由はどこにもないのです。

そうなると、テレワークで成果を出せていない社員の、ポストコロナは悲惨といえます。大部屋型のオフィスでは、声が大きくて弁が立つ人は、何もしていなくても仕事ができるように見せることができました。しかし、テレワークだと「やってるふり」が通用しません。

反対に、それまでおとなしくて目立たなかった人のほうが、意外にきちんと結果を出して会社に対する貢献度が高いということが明らかになったりします。それでも前者は、ポストコロナになれば自分のほうに分があるのだから大丈夫と今は思っているかもしれませんが、もうそういう時代はこないのです。

リーダーとして未熟な中間管理職にとってもポストコロナは地獄でしょう。テレワークになると組織がフラット化し、上からの情報がダイレクトに末端にまで伝わるようになるため、自ら価値を生まずに、ただ管理だけをしているような社員は要らなくなるからです。

それでも、コロナ以前の会社にはそういう社員の居場所もありました。それは、机です。部長や課長の机で偉そうにしていれば、それだけで存在感を示せたのです。

でも、ポストコロナになったら、もう会社に自分の机はありません。

今後、会社が必要とするのは自宅でもコワーキングスペースでも、関係なく価値を出せる人です。しかし、部長や課長という肩書があっても新しい価値を生まない人は、会社にもどこにも居場所がなくなるというのが、ポストコロナの現実だと私は見ています。

このように働き方が変わるなか、テレワークには多くのメリットがあります。そして、これが新しい時代の働き方のベースになることでしょう。

ただし、対面での営業や上司としての部下とのコミュニケーション活動がゼロになるということはなく、これを無視するのは論外です。だからこそ大切なことは、自分の価値を高めることだといえます。社内や社外から、本当に重要な人物だと認識され、「会いたい」「相談したい」と言われる能力を持つ。働き方がどうなれ、ここをはずしてはいけません。

誰も正解を知らない時代へ

コロナ禍で明らかになったことがもうひとつあります。それは、「誰も正解を知らない」ということです。

2021年、東京都に緊急事態宣言が発出されているなかで、「東京オリンピック・パラリンピック2020」が開催されました。

新型コロナウイルスの感染者が東京だけでも連日1000人を超えてい

るところに、10万人以上の選手や関係者を迎えるのはさすがに無謀だと、開催前には中止を求める声がいろいろなところから上がりましたが、政府は「万全な感染対策をとるので、安心・安全な大会を実現できる」と、半ば強引に開催を決定。

その結果、選手も含めた大会関係者は453人が新型コロナウイルスに感染しました。また、開催期間中、東京都の感染者数は増加を続け、5日連続で4000人を超えたのです。

それでも、閉会後に当時のリーダーは、ツイッターで「新型コロナウイルス感染症という困難のなかでも、東京オリンピック・パラリンピックは問題なくきちんと開催し、日本は開催国としての責任を果たした」と自画自賛しました。

しかし、果たしてこれできちんと開催したといえるのでしょうか。

おそらく、ほとんどの国民はそうは思っていないと思います。その証拠に、閉会式直後に各新聞社が行った世論調査では、当時の内閣への支持率は発足以来最低を記録しました。

政府が安心・安全といっているから、オリンピック・パラリンピックは何の問題もなく開催できると信じていた人は、決して多くはないでしょう。アスリートファーストといいながら本当は、開催すれば国民は日本選手の活躍に熱狂し、支持率も上がるというのを目論んだ政権の都合だったのではないかという見方も、否定できません。また、国内の新型コロナウイルス感染者数の増加とオリンピック・パラリンピックは無関係と政府は説明していますが、これだって眉唾ものです。

以前の日本は、こうではありませんでした。

国家の運営は、政治家や官僚という優秀な人たちが正しい情報に基づいて行っているので、たとえ文句があったとしても、それに従っていれば、不利益を被ることはないという国民の合意があったはずです。

しかしながら今の時代、どんなに優秀な国のリーダーも、先を見て、未来のあるべき姿を読むことが難しくなってきています。

彼らも、何が正解なのかわからないのでしょう。

かつての日本には、欧米というキャッチアップする具体的な目標がありました。先行する彼らに倣い、真似れば、自分たちも同じように繁栄できていました。実際、そうだったのです。

ところが、東西冷戦が終わったころから、日本の為政者には徐々に目標が見えなくなっていきます。とくに9・11以降は、それまで世界をリードしていたはずのアメリカ自体が迷走を始め、一方で、日本の隣国・中国が急激に力をつけ、世界のパワーバランスが崩れていきました。

そんななかで、バブル崩壊以後、経済が低迷を続ける日本は、どこに向かえばいいのかわからなくなってしまったのです。

そんな自信を失った状態で、日本は、コロナ禍に見舞われました。

有効な感染症対策が見つかっているのであれば、わが国の有能な官僚は、すぐさまそれを取り入れて効果を上げることができたはずです。

しかし、今回は最初から、新型コロナウイルスをどう扱っていいか、どこの国もわかっていませんでした。今もそれぞれの国が悪戦苦闘しながら正解を探している最中です。それは日本も例外ではありません。


本来なら国のリーダーは、「私はこれが正解だと思うからこれを実行する。その代わり、間違えたら責任をとる」と国民に宣言するべきなのです。ところが、すでにある正解を探して真似ることしか知らない日本のリーダーたちには、これができない。

それで、「もし間違えたら国民の信頼を失う、そうすれば政権がもたない」と失敗を恐れるから、本当のことを言えないのだと思います。

自分が判断を下した根拠となるデータを国民の前に開示してもし間違えたら、もう逃げることはできません。だったらデータを見せなければいい。それで、証拠があるのにないと嘘を言ったり、質問に答えなかったりするのでしょう。

正解がないというのは、会社経営も同じです。コロナ禍以前の世界を探しても、答えは見つかりません。

自分で動いて情報を取り、仮説を立て、試行錯誤を繰り返して正解を見つけ出す。これがポストコロナの経営であり、働き方なのです。

それに気づき、考え方や動き方を躊躇なく変えられる社長なら、成長していくための自社の付加価値とは何かということを考え、見つけ出し、正しいブランディングによって、この先何十年、何百年と続く会社をつくることができます。

自社の将来を考えられる社長ならば、今こそ、変わるべきときだといえるでしょう。

Chapter 2

企業永続への〝武器〟とは？

大手企業だから採用が有利なわけではない

「なかなかいい人が採用できない」

「社員の定着率が悪い」

多くの中小企業の経営者がこういう悩みを抱えています。なぜそうなのか、理由もだいたいたい同じです。

「大手みたいに採用や教育にお金や人がかけられない」

「大手のような知名度がない」

「大手に比べ給与水準が低い」

「福利厚生が大手より劣る」

要するに、中小企業には優秀な人は来ないし、入社しても大手ほど待遇や環境がよくないため長続きしないと、最初からあきらめているのです。

これは、わからなくもありません。

以前、ある中小企業の社長に、「自分が学生でソニーと貴社の両方から内定をもらったらどちらに入社しますか」と質問したところ、間髪入れず「そんなのはソニーに決まっている」という答えが返ってきたことがありました。

社長自身が、就職するなら名の知れた大企業のほうがいいと思っているのです。そんな会社に、大手にも入れるような優秀な人材が喜んできてくれるはずがありません。

たしかに、就職活動中の学生に話をきけば、できることなら知名度が高く経営基盤がしっかりした大手企業に入りたいという人が、今でもまだ多数派なのでしょう。

一方で、規模や知名度で就職先を選ばないという学生も確実に増えています。彼らは、大手に入社したからといって、生涯安泰などということはないとわかっているからです。

先日、「日本企業は45歳定年制にすべき」「個人が会社に頼らない仕組みが必要」というサントリーホールディングス・新浪剛史社長の「経済同友会」セミナーにおける発言が波紋を呼びました。これは、サントリーのような大企業ですら、60歳まで責任をもって社員の面倒をみるだけの余裕がないことの裏返しかもしれません。

雇用が安定していて、待遇もいい、大手企業に入社すれば幸せなキャリアを送れるというのは幻想にすぎない。それに気づいた学生は、会社の規模や知名度とは別の尺度で就職先を考えるようになるのは、当然の帰結だといっていいでしょう。

そして、これは中小企業にとっては朗報だといえます。規模や知名度では大手にかなわなくても、それに代わる魅力を提示できれば、これまで無条件で大手企業を選んでいた優秀な学生を採用できる可能性が高まったからです。

大企業だから採用が楽で定着率もいい。中小企業はどこも採用に苦労し人材難などという公式は、存在しないと私は思っています。

持続的に成長できる会社へ

その会社に将来性があるかを確認するいい方法があります。何人かの社員に、こう質問してみればいいのです。

「あなたはここで何のために働いているのですか」

このとき、こんな答えが返ってきたとしましょう。

「お客さまに喜んでもらうためです」

「市場シェアトップを目指しています」

これは経営方針が社員に浸透しているということですから、こういう会社は社員のモチベーションが高く、しかも、そのモチベーションが会社の推進力として効率よく働いていると考えられます。

こういう会社はトップが経営判断を間違えさえしなければ、成長の余地は十分にあるといっていいでしょう。

では、次の答えはどうですか。

「今は目の前の仕事を一生懸命やるだけ。もちろん出世はしたいです」

「5年後には独立したいので、そのときに必要なスキルをここで身につけようと思っています」

彼らは会社の目標達成というより、自己実現や自分のキャリア形成のために、今ここで働いているといっているのです。

これだって悪くはありません。自分のためであれ、この会社で働く理由がはっきりしているなら、人は仕事に前向き、かつ全力で取り組む可能性が高いからです。だから、そういう社員が集まる環境を整備している会社も、のびしろはあるといえます。


ただし、個人的動機で動く社員ばかりだと、自分の成果のために顧客に対し不誠実なことをして会社の評判を落としたり、自分の評価を高めるために仲間の足を引っ張ったりするといったことが容易に起こるので、それを防ぐマネジメントの仕組みが必要です。

まとめると、持続的に成長できるのは、会社の存在意義が明確で、社員がそれに腹落ちして行動している会社か、キャリアパスや自己実現を仕事の動機とする人材に対し、彼らが希望とする条件を提示できている会社のいずれかということになります。

大事なのは、多くの人が働きたいと考えるのも、こういう会社だということです。

人材の確保と育成に不可欠な「企業理念」

2013年に、英オックスフォード大学のマイケル・A・オズボーン准教授らが発表した論文『雇用の未来―コンピュータ化によって仕事は失われるのか』によれば、20年後までに現在の仕事の約50%がAIや機械に置き換わるということです。

また、マッキンゼー・アンド・カンパニーも2020年5月に、日本の会社の業務のうち約27%が、機械によって自動化されるという調査結果を発表しています。

そうなると会社における人の役割は、これからどんどん小さくなると思うかもしれませんが、それは逆。人材の重要性はますます高まっていくと私は見ています。

なぜなら、いくらデジタル化が進んでも、新しい価値の創造ができるのは人間だけだからです。

どんな業界でも、社員が自発的に動きイノベーションが次々と起きる会社でないと、今後は生き残っていくのは難しいでしょう。

そのために最も効率がいいのは、「人材」に対する投資です。

新卒であれば、意欲があって将来性豊かな学生を採用し、入社後は教育や研修でスキルや能力を高め戦力化していく。こういうシステムがあって機能している会社がいちばん強いというのが、私の実感を含めた見解です。

もちろん採用や教育に関しては、どの会社もそれなりに力を入れて取り組んではいると思います。

ただ、やってはいるけれど、それが本当に必要な人材の確保や育成につながっていないという会社が、現実には多いようです。

とにかくいい人材がほしいといって、採用や教育にそれなりに予算をかけているにもかかわらず、思うような結果が出ないという話は、いろいろなところで耳にします。

こういう会社はたいてい、会社の存在意義や、事業を通じて社会にどんな価値を提供しているのかといった「企業理念」の部分が疎かになっています。これでは、採用や人材育成はうまくいきません。

いくら会社案内のような採用ツールにお金をかけても、この会社は事業を通じて社会にどんな価値を提供しようとしているのかがそこから伝わってこなければ、選ぶほうは、その会社が、自分が働くのにふさわしいところなのかどうか判断しようがありません。

だからこそ、そういう会社は、意識の高い学生にとって、就職すべき企業として視界には入ってこないのです。

社員にしても、会社の企業理念が曖昧だと、自分が今やっている仕事に給料以上の意味が見出せないためモチベーションが上がりにくくなります。また、全員のベクトルが同じ方向に向いていないと個々のエネルギーが分散するので、非効率的な組織となって生産性が高まらないのです。

自分たちはこういうことを成し遂げるために事業をやっているという、会社の存在理由を簡潔にまとめたものが企業理念です。

ビジョンやフィロソフィーという場合もありますし、最近はパーパスという言葉もよく使われています。

「それなら、ウチにもある」という人もいるでしょう。たしかに、社長室の壁に、この手の文言が、立派な額縁に入れられて飾ってあるのをよく目にします。

しかし、大事なのはそういうものがあるということではないのです。それが会社の企業理念やビジョンとして本当に機能しているかどうか。ポイントはそこです。

たとえば、「顧客第一主義」を企業理念に掲げて機能している会社なら、社長も社員もそれこそアルバイトやパートさんまでもがその意味を理解し、さらにそれが日々の仕事に生かされているため、社外の人からもあの会社は顧客を大事にする会社だと広く認識されている。

これなら、その企業理念は本来の目的を果たしているといえます。

反対に、顧客第一主義を掲げながら、日常の仕事では誰もそれを意識していないため、お客さまにも取引先にも、この会社が顧客第一主義を企業理念にしていると思ってもらえていないなら、その企業理念は単なるお題目です。

企業理念やビジョンが形だけで、人を動かすだけのパワーが伴わないのはなぜなのでしょう。それは、それが「自分たちはなんとしてもこれを達成したい」という本気の言葉ではないからです。

もっと言うなら、社長自身が企業理念を持たぬまま会社経営をしているからだといえます。

もっとも、とくに創業社長の場合は、それもわからなくはありません。起業の際は頭のなかが、自分のつくり出した商品やサービスを販売して継続的に利益を手にしたいという思い一色なのは普通であって、創業時から、これから自分が手がけようとする事業の社会的意義を突き詰めて考えている人のほうが、むしろ珍しいといえます。

つまり、誰だって最初は「私欲」が起業の原動力なのです。

それに、理念などなくても商才さえあれば、会社を立ち上げることは十分可能だといえます。経営だって「論語と算盤」の算盤だけでなんとかなるものなのです。

ただし、算盤だけだと経営は、どこかで必ず行き詰まります。

ビジネスが順調で、会社がある程度大きくなると、どうしても人を増やさざるを得なくなります。

ところが、理念は二の次で利益の拡大しか頭にないような社長の下で、誰がわざわざ働きたいと思うでしょうか。

「いざとなったら、他社よりいい条件を提示すればいい。そうすれば、人なんていくらでも採れる」という考えの社長がたまにいますが、それは大間違いです。

たしかに高給を支払うと謳えば、それにつられて応募してくる人は少なからずいると思います。しかし、それで入社を決めた人は、自分の成果をアピールすることには熱心でも、他の社員を助けることにはあまり興味がないため、その人のおかげで組織全体のパフォーマンスが上がることは、それほど期待できません。

逆に、そういう人は会社に対するロイヤリティがもともと高くないので、自分の成績のために会社の信用を棄損するような行動をとりがちです。

また、自分の給料以上に頑張ろうという気持ちも薄く、他にもっといい条件の会社が見つかればすぐに辞めてそっちに行ってしまいます。

無理して他社より高い給料で社員を募集しても、会社のことより目先の損得しか頭にないような人しか集まらず、しかも長続きしないのでは、どう考えても割に合いません。

だからこそ、単なる形だけではない、本当の企業理念やビジョンが必要になってくるのです。

「企業理念」によって進むブランディング

まず、自分の会社は社会にこんな価値を提供するのだという、事業目的や存在意義をはっきりと示す。

次に、目的達成のために必要とする人材像を定義する。

そうしたら、採用対象者が事業目的や存在意義に共感し、自社のことを好きになり、一緒に働きたいと思ってくれるようなアピールをする。

これが、採用に対する私の基本的な考え方です。

給料のような外発的動機だけでなく、働き甲斐や働く意義といった、採用ターゲットの内発的動機をいかに喚起できるかがポイントとなります。

とくに最近の新卒学生は、自分は何のために働くのかよく考えて就職活動に臨むよう大学で指導を受けているので、自己分析をしっかりやっているのはもちろん、そのうえで仕事が自分の適性に合っているかや、働き甲斐を感じられるか、さらに、望ましいキャリアパスを描けるかといったことを重視して、会社を選ぶ傾向が強くなっています。

だから、いくら採用にお金をかけても、理念やビジョンが曖昧な会社は、学生にそっぽを向かれてしまうのです。

そんなことを言われても、これまでは利益の追求にしか関心がなく、企業理念やビジョンなどは頭になかったという社長もいるでしょう。

でも、心配は要りません。

積極的に人を増やさないとこれ以上の成長は見込めないような状況に追い込まれたら、それをいい機会だと受け止め、自分はこれまで何のために働いてきたのかや、これから先この会社で何を目指すのかといったことを、じっくり時間をかけて整理し、言葉にすればいいのです。

のちに経営の神様と称されるようになる松下幸之助氏だって、最初は、自分が開発した二股ソケットをどうやって売って儲けるかで四苦八苦しており、企業理念のことなどひと言も口にしていません。そんな彼が、水道の水のようにいいものを安くたくさんつくって提供するのが、松下電器（現パナソニック）の使命であるという「水道哲学」に思いが至ったのは、創業して10年以上経ってからのことです。

マイクロソフトの創始者であるビル・ゲイツにしても、ガレージでポール・アレンとプログラムを開発しているときには、どうすれば世の中に認められるかで精一杯で、「A computer on every desk and in every home（世界中にあるすべての机と家庭にコンピュータを置くこと）」が自分たちのミッションなのだという自覚はなかったはずです。

企業永続への“武器”とは？

では、どうやって企業理念やビジョンをつくればいいのでしょう。

ベンチマークにしている企業のホームページなどを参考にするのもひとつの手ですが、いろいろなところからもってきた言葉をパッチワークして体裁だけ整えても、そこに魂が入っていなければ、文字どおり絵に描いた餅に終わってしまいます。

やはり、これは時間がかかっても、自分たちで決めるよりほかありません。たとえば、社長を含めた経営陣が合宿をし、そこでとことん話し合って決めるのです。その場合は、ファシリテーター役として専門家に議論に加わってもらうのがいいと思います。

考える手順としては、まず、自分たちが現在提供している商品やサービスが、社会にどのような価値をもたらしているのかを具体的にイメージするところから始めるのがいいでしょう。

自社の商品やサービスが社会にとって無用のものなら、そこに価値は発生しません。つまり、ビジネスが成り立っているのは価値を生み出している証拠なのです。

これまでは利益を上げることが事業の目的だと思っていたが、実は、利益は価値創造のための手段だったということに気づいたら、次は、ビジョンです。

5年後の自分たちの会社を想像してみてください。今の事業を拡大しているのか、それとも別のことに挑戦しているのか。そして、新たにどんな価値を創造しているのかを思い描くのです。

それができたら、10年後はどうだろう、15年後は……と同じようにやっていく。これがビジョンです。

さらに、そうやって価値を生み出し、社会にインパクトを与え続けるために、自分たちはこれまで何を大事にしてきたか、また、これから何を大事にしていくのかを考え、言語化する。これが企業理念になります。

ちなみに、スターバックスコーヒージャパンは、次のようなミッション(理念)を掲げています。

「人々の心を豊かで活力あるものにするために―ひとりのお客様、一杯のコーヒー、そしてひとつのコミュニティから」

このように企業理念というのは基本となる考え方ですから、抽象的な表現でかまいません。重要なのは、こういった企業理念を、形だけに終わらせず、いかに魂を吹き込むかです。

ある日社長が朝礼で、「今日からこれがわが社の理念だ」と宣言したところで、そんな程度では社員はすぐに忘れてしまいます。企業理念やビジョンは、社員に浸透してはじめて意味をもつのです。

なぜ、それを企業理念とするのかや、それによって会社は何を実現しようとしているのかに社員が心から納得し、さらに日常の業務や会議における発言などにも、その考え方が自然と表れてくるようになってようやく、浸透したといえます。

そうなるまでは、とにかく辛抱強く伝え続けるしかありません。社長の覚悟が試されるといってもいいでしょう。

スターバックスコーヒージャパンの業績が低迷しているときに、ブランド復活を期待されてCEOに就任した岩田松雄氏は、ミッションを再確認して原点に立ち返ることが復活への第一歩だと確信し、いの一番にミッション教育を始めました。

すさまじいのがその徹底ぶりです。アルバイトに対しても70時間以上をかけてミッションの意味や背景を教え込む、800以上ある店を訪問してスタッフと直接話す、毎月自ら作成したマネジメントレターを店舗に送る……。こういったことを、スピーディに推進したのです。

また、岩田氏は、いくら売上や利益で会社に貢献しても、ミッションの理解が十分でないと判断された社員は店長にしないというように、評価基準もミッションに沿うようなものに変えました。

とにかく、できることは思いつくかぎり何でもやったといいます。

最初は社内でもかなり戸惑いがあったそうですが、妥協せずやり続けているうちに、だんだんと社員が自分で考えて、ミッションに従った行動をするようになってきました。すると、それは来店者数の増加という結果につながっていきます。

そして、岩田氏がCEOに就任した翌年、スターバックスコーヒージャパンは過去最高の売上を達成したのです。

このように、企業理念というのはそれが本当に理解されれば、それに伴って社員の行動や考え方も変わるのです。そして、自社の付加価値も見えてくることでしょう。ただし、これでもまだ十分ではありません。私ならこの企業理念を商品コンセプト、プロモーション戦略から広告宣伝に至るまで、会社のすべての活動に反映させます。

より詳しくいうと、企業理念の浸透というインナーブランディングと、対外的なアウターブランディングを一気通貫で行うのです。

こうすることによって、どの社員も自社に対し共通のブランドイメージをもつ一方で、社外の人も同様のブランドイメージを抱くようになります。さらに、そのイメージが好ましいものであるなら、多くの人がその会社に対して、「いいね！」といってくれる。

これがブランディングの考え方です。

どうすればインナーブランディングを成功させられるかは、その手法も含め、第3章でより詳しく説明します。

DXの成果は〝人〟にかかっている！

ここ数年、俄かに注目を集めているDX（デジタルトランスフォーメーション）。経済産業省は、このDXを次のように定義しています。

「企業がビジネス環境の激しい変化に対応し、データとデジタル技術を活用して、顧客や社会のニーズを基に、製品やサービス、ビジネスモデルを変革するとともに、業務そのものや、組織、プロセス、企業文化・風土を変革し、競争上の優位性を確立すること」

働き方改革に加え、コロナ禍によるテレワークの広がりもあり、これからは中小企業もDXの導入を積極的に検討していかなければならなくなるでしょう。むしろ、DXによる業務の効率化や省力化は、中小企業にこそ必要だといえます。

一方で、過大な期待は禁物です。DXは、実践すれば必ず業績を向上させてくれる夢の技術ではありません。ITがブームになりはじめのころ、コンサルタントにいわれるままに業務のデジタル化を進めたものの、かえってトラブルが頻出し、多額の損失を出す会社が後を絶ちませんでした。きちんと理解して取り組まないと、今回のDXでも、同様のことがあちこちの会社で起こることになるでしょう。

どんなに技術が進歩しようと、最後に鍵を握るのは人なのです。

理化学研究所の「富岳」は、世界一のスーパーコンピュータです。今回のコロナ禍でも、この富岳を使って計算した、人がくしゃみをしたときの飛沫経路のシミュレーション動画が、いろいろなニュース番組で使われていました。覚えている人も多いと思います。

では、日本はこの優秀な富岳のおかげで、新型コロナウイルスの流行を効果的に防ぐことができたのでしょうか。

そんなことはありません。ジョンズ・ホプキンス大学のデータをみると、2021年10月7日の時点で、人口100万人あたりの死者数を比べると、東アジアの国のなかでも日本は、中国、韓国、台湾より多いのです。

どんなに高性能のコンピュータを保有していても、それだけで他国より優位に立てるわけではない。考えてみれば当たり前のことです。なぜなら、そのコンピュータにどんな課題を与えるかや、結果から何を読み解くのかを考えるのは人間だからです。

日本は富岳があっても、やったことといえば、布マスクを配ったり、飲食店に営業の自粛をお願いしたりと、それが本当にエビデンスに基づいているのか疑わしいような政策ばかりで、新型コロナウイルスの感染拡大を長らく抑えられず、オリンピック・パラリンピックも1年延期したにもかかわらず、緊急事態宣言下で強行開催せざるを得ませんでした。

もし台湾のオードリー・タンのような人が先頭に立って、日本のコロナ対策のイニシアチブをとっていたら、もっと効果的にデータを活用し、実のある政策提言をして、確実に成果を出していたのではないでしょうか。

もうひとつ例を挙げておきましょう。

日本のインターネットの父と呼ばれ、現在内閣官房参与として政府のデジタル政策にかかわっている村井純氏は、1990年代半ばに、すべてのモノにユニークIDを付け、ワイヤレスでつないでクラウドにデータを集めるIoT（Internet of Things／モノのインターネット）という言葉が誕生したころ、この技術を使って何ができるかを考え、おもしろい実験をしました。

名古屋で1500台のタクシーにGPSを搭載してもらい、各車の位置情報と一緒にワイパーの作動記録を一カ所に集めたのです。

このデータをみると、どの地域のタクシーがワイパーを動かしているかがわかります。

ワイパーが作動中ということは、そう、雨が降っている。つまり、これによって名古屋地域における局所的な雨の状況がつかめるのです。

DXが会社の業績や経営の役に立つかは、社長にこういう発想ができるか、あるいは、そういうことを考えられる社員がいるかどうかにかかっているといえます。

ちなみに、当時はGPSを設置するのに車一台あたり40万円かかったので、GPSだけで6億円もの費用が必要だったそうですが、現在ならどの車にもGPSは搭載されていますから、この部分の費用はゼロです。

もっとも、この雨状況把握システムは、いまだにどこの自動車メーカーも採用していません。

自分の車がどこを走っているか知られたくないという人が意外に多いというのがその理由です。技術的には可能でも、それだけでは実用化できない。とくに近年は、プライバシー問題は軽視できない課題だといえます。

"人"への投資こそが、企業を変える

「企業は人なり」。経営の神様と呼ばれた松下幸之助氏は、経営の心得を問われると、必ずこの言葉を挙げたそうです。そして同様に、ポストコロナ時代のブランディングも、「人」に尽きるのです。

私もコンサルタントとしてこれまで多くの会社を見てきましたが、「企業は人なり」というのは、まさにいい得て妙、経営の本質をズバリと言い

当てているといえます。実際、何名かの社員と話をすれば、大手でも中小でも、その会社に将来性があるかどうかは、ほぼ正確に判断できます。

一方で、経営者には、この「企業は人なり」の意味を、正しく理解していない人も少なくありません。

とくに中小企業の社長は、「それは、大手のように優秀な人材が集まる会社の話。黙っていても業績は上がり、会社の将来は安泰、経営も楽だろう。それに比べてウチのような零細に入るのは、能力といったって高が知れている。人がいないのだから苦しいのも仕方がない」と、「企業は人なり」を経営がうまくいかない言い訳にしがちです。

そういう社長にかぎって、地元の国立大学や都会の有名私大の学生が応募してきたりすると、嬉しくなってそれだけで採用し、期待をかけては数年後に辞められるということを繰り返しています。

偏差値の高い大学だから優秀、というのは単なる思い込みです。

会社にとっての優秀な人材というときには、出身大学の偏差値は、まったく関係ありません。売上を増やしたり、イノベーションを起こして会社に利益をもたらしたり、顧客や取引先に対する会社の好感度を高め、他の社員に対していい影響を与える。会社が望むのはそういう人材でしょう。

そして、大事なのは、求められる人材とは、それぞれの会社によって異なるということです。

たとえば、地下を可視化できる技術をもっているジオ・サーチという会社があります。Ｇｏｏｇｌｅマップは、地上を見ることに秀でたアプリですが、同社がもつ技術は、本来、見えないはずの地下を見ることを可能とします。これによって、インフラ工事やメンテナンスの高度化を実現し、インフラ老朽化のリスクや自然災害から人々を守ってきました。

同社はこれまで人の命と暮らしを守りたいという想いを抱き進んできましたが、世界中でますます激甚化する自然災害や社会課題に対して自分たちが提供できる価値はもっとあると信じ、「真価を見つけ、進化する。」というう新しいコンセプトを掲げました。人と技術を集約して、オープンイノベーションで新たな価値連鎖を生み出すプラットフォームとなっていく。

先駆者として人々が気づいていない価値を可視化し、世界のさらなる進化を支えていくのです。ただ、これを実現するためにはフロンティアを切り拓いていく人が必要となります。だからこそ同社は、「地下を制して、世界をつかめ。」という強いポリシーを打ち出し、その想いに心から共感し、ここで一緒に働きたいと本気で思ってくれる人材を求めています。大切なのは、このジオ・サーチのように、まず自社の事業に必要で、なおかつ入社したら確実に力を発揮してくれる人材像を明確にしていくこと。

「企業は人なり」とは、結局、こういうことなのです。

国立大学と、あまり知名度のない私立大学、こういった場合には、国立大学の学生を採用しておけば間違いない。企業のトップがこの程度の認識では、採用は絶対にうまくいきません。驚くべきは、こういう考え方に疑問をもたない人が、ベンチャーの経営者にもいるということです。

上司の指示には逆らわず、仕事は卒なくこなし、事務処理能力も高いが、自らリスクを負うようなことはしない。こんな社員ばかりいるベンチャー企業に、未来があると思いますか。

ベンチャー企業が生き残るには、イノベーションを起こし続けるしかないのです。だから、どんなに優秀でも、保守的で安定志向ならそれだけで、その人は採用ターゲットから外さなければならない。

そして、学歴や成績はパッとしなくても、好奇心が旺盛で野心に富んだ人材を、次から次へと採用すべきなのです。

人材戦略を考えたとき、大切なのは採用だけではありません。入社後の教育も重要です。

「ウチは、大手のように、しっかりした教育体制や研修システムをつくるだけの余裕がない」というのは、考え方が間違っています。

その是非はともかく、日本では、今でも新卒一括採用が主流です。しかし、日本の学生は、基本的に社員として会社で働いたこともなく、ビジネススキルも学ばず、丸腰のまま採用され、仕事に必要なスキルは、必要に応じて入社後に教えてもらいます。だから、大半の学生は、会社に育ててもらうつもりで入社してくるといえます。

ひと昔前は、会社が何もしなくても、仕事は先輩社員の背中を見て学べというういい方が通用しました。

しかし、今ではそれは完璧に時代遅れです。

「仕事は勝手に盗む」という認識は、今の若い世代にはありません。会社が何もしてくれなければ、彼らは、この会社にいても成長できないと判断し、とくにやる気のある人ほどさっさと辞めてしまうでしょう。

仕事に使えるスキルや能力は机上の研修では身につかないという考え方にもたしかに一理ありますが、だからといって教育や研修をやらなくていいという理由にはなりません。たしかに、外部から呼んできた講師の話を1、2時間聴いたからといって、それですぐに仕事ができるようにはならないかもしれない。でも、そういうこともやるべきなのです。

たとえ有効性が低いと思われるような、精神論が中心の社長の演説であったとしても、それが本気なら「この会社は、確実に、人を育てようとしている」という熱意は伝わります。

「企業は人なんだ。だから、君たちを採用した。みんなが戦力になってくれれば、会社は必ず発展する。そうしたら会社だけでなく、社員も同時に幸せになると私は信じている。だから、決して教育を疎かにはしない」

トップがそう考え、そのためにできるかぎりの投資をしている会社でないと、人は育たないのです。

ただし、教育というのは結果が出るまで時間がかかるので、それなりに腹を据えてじっくり取り組まなければならないし、コストもかかります。それで、最初こそ一生懸命やるものの、だんだんと意欲を失い、気がついたら「一応やっています」と形だけになっていたというようなケースも珍しくないのです。

しかし、何度もいうように、企業は人です。採用だけでなく教育にも、しっかりと時間とお金をかけないかぎり、会社の成長は望めません。

私の経験では、5年頑張れば、その会社に最適な教育システムができ上がり、同時に具体的な成果も出てきます。これからブランディングによって、会社を10年、20年と続かせることを思い描いているのなら、とにかく最低5年は、投資のつもりで人材採用と育成に力を注ぐべきです。

コミュニケーションの〝質〟を上げる

社員と話せば、その会社に将来性があるかどうかわかるという話をしました。もう少し言葉を足すと、将来性のある会社の社員は、おしなべてコミュニケーションの〝質〟が高いのです。さらに言えば、ブランディングとは、イコール、コミュニケーションでもあります。

たとえば、1年目や2年目の若手に会社の理念や経営方針を尋ねても、こちらにも理解できる答えがちゃんと返ってくる。この商品はどんな特徴があるのか、経理の社員だってきちんと説明ができる。それはトップが大事なことを、日常的に時間をかけて社員に説明している証拠です。

コミュニケーションの重要性を理解し、質が高く実効性のあるコミュニケーションをしているか、経営がうまくいっていない社長は、一度、わが身を振り返ってみるといいと思います。

企業理念や経営方針がなかなか浸透しないというのは、社長の抱える典型的な悩みのひとつです。これを社員のやる気のなさや受容力の足りなさのせいにしている人もいますが、それではいつまで経っても解決しません。

そうではなく、コミュニケーションの質を上げるのです。これならすぐにできるし、必ず効果も出ます。


「会社が目指すゴールは、ここだ」

「社員には、こういう働き方をしてほしい」

「当社のこの商品は、こういうお客さまの不便を解消して、生活の質を高める」

こういうことは社長の頭のなかだけでなく、社員全員が共有していなければ意味を成しません。

もちろん、そんなことは社長だってわかっているでしょう。

ただ、私がコンサルティングの場面で、そう指摘すると、たいてい、

「役員たちには伝えてある」

「朝礼でも話をした」

と反論されます。

違うのです。重要なのは「伝えた」「話した」という事実ではなく、相手の心にその言葉が刺さったか。相手がその言葉に耳を傾け、意味を理解し、腹落ちしてはじめてコミュニケーションは成立します。

だから、コミュニケーションには、このことをぜひともわかってもらうのだという意欲、相手が受け入れやすい表現方法の模索、受容してもらうまで伝え続ける忍耐が必要なのです。

こういうものを欠いた一方的な発信を、コミュニケーションとは言いません。言いっ放しで伝わらないのを相手のせいにしている人は、自分の努力が足りないと考え方を改めるべきなのです。

まず相手ときちんと向き合う。これこそがコミュニケーションの一丁目一番地です。

コロナ禍の前は、社員どうしの距離を縮めて一体感を高めるためという理由で、飲み会や社内旅行が多くの会社で行われていました。

ところが、これが若者にはすこぶる評判が悪かった。

京セラ・創業者の稲盛和夫氏が組織の結束を高めるために、社員どうしが酒を飲みながら意見をぶつけあう「コンパ」を重視し、京セラの社内にもそのための畳敷きの部屋まで用意していたのは有名です。とはいえ、酒席を共にすれば親密になれると考えるのは、昭和世代の感覚です。

２０１９年には、ＮＨＫの『ニュースウォッチ９』が、若手社員が忘年会の参加を拒む「忘年会スルー」という現象を取り上げました。仕事でもないのに会社の上司と一緒にいなければならないのは、多くの令和の若者にとって苦痛以外の何ものでもないのです。

見方を変えると、飲み会や社員旅行の多い会社というのは、社長を筆頭に組織の上のほうにいる人たちが、普段から若者と向き合っていないともいえます。

若手と同じ目線で会話をしていれば、自分たちが20、30代だったころとは価値観や人生観がずいぶん違うことを肌で感じる機会が少なからずあるはずです。ところが、そういう努力をしていない人は、自分たちはこうだったからというだけで同じことを下の世代に押しつけようとする。

企業永続への“武器”とは？

ちなみに、そういう人が新卒採用の担当者だと、そもそもどんなメッセージならば学生に受け入れられるかがわかっていないのですから、悲惨な結果に終わる可能性はきわめて高いと推察できます。

誤解してほしくないのですが、私は、飲み会や社員旅行をやめろと言いたいのではありません。飲み会にも社員旅行にもいい点はたくさんあります。それらを通じて距離が縮まることだってあるのです。

そういう効果を期待するのなら、事前に相手にその意図が伝わるような丁寧な説明が必要だといいたいのです。

丁寧な説明が欠かせないというのは、社内のあらゆるコミュニケーションに当てはまります。

とくに若手社員に対しては、経営陣が密室で決めた結果だけを下賜するようなやり方では、彼らの心に響きません。それはつまり、何も伝わらないということです。

少なくとも、なぜそれをするのかという理由や、それが決まった経緯も一緒に説明しないと、そこに込められた思いは伝わらないでしょう。

それから、一度で終わりにせず、完全に相手が理解し腹落ちしたと確信できるまでは、何度も手を替え品を替えながら説明する覚悟が要るのはもちろんです。

そして、本当に大事なことは、社長が自ら話をすること。この人は本気だという姿勢をトップが見せることは、最大の説得力だといえます。

コロナ禍で国民にロックダウンを求める際、ドイツのアンゲラ・メルケル首相はテレビカメラの前でこぶしを握り締めながら、「東西ドイツ統一以来、私たちがこれほど連帯すべき試練はなかった」と語りかけました。このスピーチは緊急時におけるドイツ国民の結束力を高めたと世界中で評価されています。

一方、当時、日本のリーダーたちからは、最後まで本気度が伝わってきませんでした。メルケル氏の半分の情熱でも見せることができれば、コロナ禍の状況は大きく変わっていたかもしれません。

社長の発信した情報を中間管理職が行間まで理解し、それを組織の下部を占める若手にわかりやすい形で伝えることができれば、社長の負担はかなり減らすことができます。

ただ、中間管理職がこの機能を果たしている組織には、めったにお目にかかることができません。

そういう訓練を受けず、また自覚もないまま課長や部長になった人が日本の会社には多いからです。

たとえば、1、2年目の社員は社会人としての経験が少ないので、社長のメッセージに耳を傾け受け入れることに、それほど抵抗感はありません。

ところが、40、50代のミドルマネジャークラスになると、自分の経験則や成功体験が強烈に刷り込まれているため、それと相反するようなメッセージには、理解や共感よりも抵抗感が先に立ってしまうのです。

そうなると、分身となって社長からのメッセージを部下に伝えるという役割を果たせないばかりか、ともすれば、メッセージを誤って解釈して拡散してしまいかねない。これでは、コミュニケーションの質は逆に下がり、ブランディングどころではありません。

中間管理職の意識改革も、手をつけるのであれば、社長が向き合うよりほかありません。ただし、若手よりもかなり時間がかかることは、覚悟しておいたほうがいいでしょう。

人を惹きつけるのは、過去の実績よりも未来の夢

新卒採用のイベントをのぞくと、ほとんどの会社が成長スピードの速さや、どんな製品を開発してきたか、いつ海外進出を始めたかといった会社の過去を語るのに大半の時間を費やしています。

これははっきりいってもったいない。いくらその会社が過去に輝かしい実績を上げていたとしても、それはすでに済んだことです。これから入社しようという人がかかわることはできません。

感心はするかもしれませんが、説明する側が期待するほどそこに魅力を感じてはくれないだろうし、そこばかり強調されても、入社したいという気持ちにはならないでしょう。

会社がいかに安定しているかも同様です。

自社商品は市場シェアがトップだとか、無借金経営で財務状態が良好だとかいわれると、なるほど、この会社はそう簡単にはつぶれそうもないから安心だと、そこに惹かれる人もいないわけではないでしょう。

でも、そういう人ばかりを採用して、本当に大丈夫ですか。

現在どんなに経営が順調でも、資本主義社会であるかぎり、どんな会社も倒産のリスクから自由ではありません。

地球上から震災、政変、戦争がなくなったわけではないし、画期的なイノベーションやエネルギー革命が起これば世界の産業構造は一変します。

そもそも自由競争の資本主義において、絶対につぶれない会社などはないのです。そういう常識的な頭の持ち主に対しては、安定性のアピールはあまり効果的でないと申し上げておきます。

では、新卒採用のイベントでは、何を語るのが正解なのでしょう。

それは、会社の未来。この会社はこれから、こんな価値を社会に提供していくという未来像を描いて見せるのです。

新卒の就職希望者にとって重要なのは、入社後の日々です。その会社の一員として、仲間と一緒に何を目指すのか。そのなかで自分はどういう役割を担い、どのように成長していくのか。

そして、それがその人にとって魅力的な未来であるなら、そこで働きたいという気持ちが自ずと湧き上がってきます。

それはこういうことです。

高校野球では、2004年に創部2年目の済美(愛媛)が、甲子園初出場で初優勝という偉業を成し遂げました。

その後も、創部1年目の創志学園(岡山)が2011年の春、同3年目のクラーク国際(北海道)が2016年夏、同7年目の啓新(福井)が2019年春、同5年目の聖カタリナ学園(愛媛)が2021年春というように、創

企業永続への“武器”とは?

部から10年に満たない高校が、並みいる名門校を蹴散らして、甲子園出場を果たしています。

理由はいろいろ考えられますが、やはり最大の要因は、中学野球部やシニアリーグの有望な選手を獲得できたからではないでしょうか。

実力のある中学生のところへは、全国の高校からスカウトが来るのは今や常識です。そのなかには甲子園常連校も多く、おそらく選手の大半はそういう高校を選ぶと思われます。

それでは、そういう実績のない高校はどうやって、目当ての選手に「この学校の野球部に入りたい」という気持ちにさせたのでしょうか。

もし、私が学校経営者なら、まず、その選手が在学中に野球部をなんとしても甲子園に出場させるという、野球少年にとってなんとも魅力的で具体的なビジョンを語ります。

しかし、実績がないわけですから、それだけでは単なる夢物語で説得力がありません。

そこで、次に、「他校でチームを甲子園に何度も導いていて指導力に定評のある人物を監督に据える」「ナイター設備のある野球部専用グラウンドをつくる」「最新のＡＩを導入して科学的なトレーニングを実施する」といった、それが可能となる根拠を一つひとつ挙げていきます。

さらに、野球部に入部してから甲子園に行くまでの過程を詳細なロードマップにまとめ提示します。

実際はどうかわかりませんが、たぶん、どの学校も似たようなことをやって、未来像を現実にするために必要な選手を獲得したはずです。

会社のブランディングにつながるリクルーティングも、基本は同じ。過去の実績よりも、夢やビジョンといった未来の姿こそが、入社希望の学生の心を動かすポイントなのです。ただし、いくつか注意点があります。

未来像は具体的でなければなりません。「当社の商品で世界中の人を笑顔にする」のような抽象的なものだと、提示されてもピンとくる人は少ないと思います。また、たとえ具体的であったとしても、「株式公開」「売上高〇〇円」「自社ビルを建てる」といった無機質なものも、とくに訴求対象が学生の場合は、あまり響かないかもしれません。

やはりそこに心をワクワクさせる夢の要素がないと、人を惹きつけるのは難しいといえます。

それから、未来像には、それを思い描くに至ったストーリーも必要です。

当社・株式会社イマジナがブランディングをお手伝いさせてもらっている通販サイト大手のタンスのゲンという会社は、「大川を、世界のインテリアバレーに。」という気宇壮大な未来のビジョンを掲げています。

同社が本社を構える福岡県大川市は、日本の他の地方都市同様に、少子高齢化に加え若年層の流出で、年々活気が失われつつあります。

しかし、そんな大川も、かつては日本有数の家具の街として大いに栄えていたのです。

創業社長・橋爪福寿氏の実家も木工所で、家具の製造販売を生業にしていました。景気のよかった時代もその目で見てきています。

それゆえ、タンスのゲンが急成長してからも、自社の発展だけではなく、衰退した地域全体を盛り上げたいという思いをずっと胸に抱き続けていいました。

そこで、大川を再び日本の家具の中心地にできないかと、行政や同業者も巻き込んで、インテリアバレー構想を立ち上げたのです。まだ取り掛かったばかりですが、これが本格的に動き出せば、それまでのeコマースに興味のある地元の人だけでなく、地域の再開発やインテリアに関心のある学生も就職先としてタンスのゲンを考えるようになるでしょう。

そういう意欲をもった学生なら、入社後は必ずインテリアバレー構想を推し進める戦力となります。そして、それを見て自分もそこに加わりたいと希望し、会社の門を叩く学生が出てくるという好循環が起こる……。

もちろん、遠隔地の学生の受け入れや教育システムの整備など、これからクリアしなければならない問題もあるので、そう都合よくいくかどうかわかりません。それでも、タンスのゲンのインテリアバレー構想は、他社にはないストーリーを伴うスケールの大きな未来像ですから、今後多くの人の注目を集めるのは間違いないでしょう。

それともうひとつ大事なことがあります。

それは、社長が「未来に対して本気」だということです。

思い入れたっぷりに会社の未来を語っても、社長が本気でそれを実現させようと思っていなければ、それはすぐに相手にわかってしまいます。

そうなると、どんなに魅力的な未来像を描いても、しょせん絵に描いた餅ですから、そこに人を引き寄せるパワーは宿りません。

社員や入社希望者に会社の未来を語る前に、命懸けでそれを実現させようと本気で思っているか、社長はまず自分に問うてみてください。

ポストコロナという新時代を考える力

会社の未来は、コロナ後の社会や市場を、社長がどう考えているかによっても、大きく左右されると思います。

コロナ禍が収束すれば、コロナ以前の日常が戻ってくる。そういう認識の人はあまりいないと思いますが、もし社長が何の疑問ももたずそう考えているなら、その会社はかなり危険だといわざるを得ません。

新型コロナウイルスの流行によって、それまでのように満員電車で出勤することができなくなり、テレワークが新しい働き方のスタイルとして推奨されるようになりました。

では、コロナ禍が去ったら人々はまた満員電車で会社に通うようになるのでしょうか。そうはならないはずです。当初はあくまで、感染防止のための窮余の策としてのテレワークでした。実際、初めのころは、慣れない自宅での仕事に戸惑う人も多かったと思います。

でも、時間の経過とともに最初の違和感は薄まり、だんだんとリモートでの働き方に馴染んでくると生産性も上がるようになって、そのうちテレワークでも、会社で行うのと遜色ないくらいのパフォーマンスが出せるようになってきました。

さらに、コワーキングスペースやワーケーション用の施設なども充実し、徐々にテレワーク向けの環境も整備されてきます。

その結果、今では通勤という負荷がなく、ライフスタイルの自由度が広がるテレワークという働き方は完全に定着し、それを支持するビジネスパーソンは、決して少数派とはいえなくなりました。つまり、コロナ禍に見舞われたおかげで、テレワークの導入という新しい働き方の社会実験が行われ、それが可能だということが証明されたのです。

それなのに、コロナが収束したからといって、以前のように全員が出社して働くスタイルに戻すというのは、明らかに合理性を欠いた判断です。それでも、社長がコロナ前の姿こそが正解なのだとかつてのやり方に戻そうとするなら、早晩その会社は淘汰されることになるでしょう。

私は、新型コロナウイルスの流行によるパンデミックは、歴史的にみたら明治維新や第二次世界大戦の敗戦に匹敵する大きな時代の変わり目だと思っています。

つまり、ポストコロナというのは、新しい時代の到来なのです。

では、その新しい時代に、これまでのように50代や60代の人に、会社の意思決定を任せていていいのでしょうか。

いいわけがありません。

大政奉還が行われた1867年に、伊藤博文は26歳、陸奥宗光23歳、大隈重信29歳、福沢諭吉33歳。このように、明治維新で改革の中枢にいた人たちはほとんどが、20代から30代でした。

しかし、不思議なことではありません。新しい時代をつくるのは、いつもこういった若い世代なのです。なぜなら、それまでの体制にどっぷり浸かった50代や60代は、そこでの経験が邪魔になって、新しいステージではかえって活躍できないのです。

2021年6月に、日本経済団体連合会（経団連）の副会長に初めて女性で就任したディー・エヌ・エー会長・南場智子氏も、「日経ビジネス」（日経BP社）のインタビューで、「現在の会社に新卒で入社して、その会社しか知らない人たちばかりが経営会議のメンバーで、改革だ、イノベーションだと議論しているのはさすがに無理があるのではないか」と、鋭い指摘をしていました。

企業永続への“武器”とは？

ゆえに、ポストコロナになったら、重要な意思決定には若い世代を必ず参加させるべきなのです。それをやらないと、おそらく会社はうまく機能しなくなるでしょう。すでにそういう試みは始まっています。

ミドリムシを使った健康食品やバイオ燃料開発を手がける、東証一部上場企業のユーグレナは２０１９年より、持続可能な未来と会社を考えるという役割のＣＦＯ（Chief Future Officer：最高未来責任者）という役職を設けています。そして、それは未来を生きる人間こそがふさわしいと、18歳以下限定という条件で公募。初代は高校２年生（採用時）の小澤杏子さんが務め、2代目には中学3年生（同）の川﨑レナさんが就任しました。

海外に目を向けると、国連のサミットで地球温暖化に対して警鐘を鳴らし、その発言が世界中に影響を与えているスウェーデンの環境活動家グレタ・トゥンベリさんはまだ10代です。

これからは会社経営においても、若者の視点や発想がますます重要性を増してきます。これまで、未熟だから、経験不足だからという理由で若い社員を蚊帳の外に置いて、年輩の役員だけで会社の方針を決めていた会社は、20代、30代も経営参加できるような体制を構築すべきです。それが、新しい時代におけるブランディングの契機ともなりますので、まず手をつけなければならないのは人事ということになります。

年齢に関係なく能力を重視して、管理職にも若者を登用することを躊躇しない。そして、同時に、それが当たり前だという文化をつくるのです。

そうなると、採用戦略も改める必要が出てきます。

以前、ある採用イベントで、その場で学生に課題を与えて事業計画を立てさせ、それを企業の人が評価するというコーナーがありました。

その場にいた私は、なかなか意欲的な試みだと期待して見ていたのですが、あまり盛り上がらず、結果的には企画倒れのような形になってしまいました。つまらなくしたのは、学生ではなくビジネスパーソンのほうです。

イベントに出てくるくらいの学生ですから自信があると見えて、みな意気込んで自分の企画を説明します。ところが、企業側は彼らの説明を聞くとすぐに「その市場規模はどれくらい」「強みと弱みは」「何年で黒字化できるの」と、普段自分たちが会社でされているような質問を繰り出し、企画の粗を探してくるのです。そうすると、学生のほうはそんなに細かいところまで考えていませんから、言葉に詰まり、やり込められたような形になって、どんどんテンションが下がっていきます。

それで、実に不毛なイベントになってしまったというわけです。

ビジネスパーソンたちは、事業企画とはそんなに甘いものではない、自分たちは毎日もっと高度なことをやっているのだということを、学生に教えてやったのだと思っているのかもしれませんが、だとしたらたいへんな勘違いをしています。だいたい、いくら学生が1、2時間頑張ったところで、本当に事業化できるような企画がつくれるはずがないのです。

もし私が企業側としてこのイベントに参加していたならば、事業化の実現性にはそれほど重きを置きません。それよりも、企画自体のおもしろさや、その発想の源泉はどこにあるのかといったところに注目します。これなら学生も自分の言葉で多くを語れるだろうし、企業側もそこから有益な情報を得ることができる。会場のボルテージも上がったことでしょう。

これは数年前の話ですが、これから採用においては、こういう視点がますます重要になってくると思われます。

これまで多くの企業は、上司の指示に黙って従い、仕事のやり方をすぐに覚えて結果を出してくれる人材を好んで採用してきました。これからは、意欲があって自分たちができない発想や、柔軟なものの見方ができる人材に採用対象を広げていくのです。

従来の枠からはみ出すような若者をあえて採用し、彼らが会社の意思決定に参加できる人事システムをつくる。

ポストコロナの経営には、この2つが必要です。

ただし、それはコロナ以前の常識と相反するので、受け入れるのを嫌がる抵抗勢力は必ず出てきます。それでも改革を前に進めるためには、社長が覚悟を決めるしかないのです。

効率化の鍵は、企業文化の理解にあり

デジタル化を進めていけばコミュニケーション効率が上がるというのは、一見真実のようですが、果たしてそうなのでしょうか。

それが本当なら、Ｓｌａｃｋのようなメッセージングアプリを導入すれば、すぐに生産性が上がるということになりそうです。

しかし、どうやら現実はそれほど単純ではありません。たしかにアプリを使えば全員が会議室に集まらなくてもリアルタイムでコミュニケーションができる。電話ではできない複数に向けての一斉送信も可能です。ところが、実際には、いろいろなところでさまざまな問題が発生しています。

たとえば、テキストのやりとりでは、自分が発信したメッセージが意図したとおりに相手に伝わっていなかったり、誤解されていたりといったことが起こりがちです。

また、若手は得てして、ビジネス文書は要件だけを簡潔に伝えればいいと考えがちで、誤字脱字もあまり気にしません。ところが、年輩の社員には、

「冒頭に『お疲れさまです』もない文章は失礼だ」「誤字や脱字があるとそれだけで読む気が失せる」という人も少なくないのです。

また、日本人は欧米人のように、先に結論をズバリと言って、後から理由を説明するようなコミュニケーションスタイルが、どちらかといえば苦手だといえます。雑談を延々として、相手が心を開いたと思ったところでようやく本題に入るとか、理解したような顔をしていても実際は納得していないとか、誰もはっきりとしたことを言わないのにその場の雰囲気で物事が決まっていくとか、とにかく日本人のコミュニケーションは複雑なのです。これらを無視して、すべてをデジタルに対応させようとしても、絶対にうまくいきません。

社内のコミュニケーション効率を上げるには、デジタル化よりももっと確実で有効な方法があります。それは、その会社独自の文化を醸成するということです。なぜ独自文化があるとコミュニケーションがスムーズにいくようになるのでしょうか。それは、言葉の定義の手間や、誤解によるコミュニケーション不全のリスクが、それによって減るからです。

たとえば、「顧客満足」という言葉でそれを考えてみましょう。これ自体は、決して難しい単語ではありません。

しかし、実際には、顧客満足の意味は会社によってかなり違ってきます。接客業のある会社では、「お客さまをお待たせしない」と「どんなときも笑顔で対応する」の2つを、従業員が徹底することで高められるのが顧客満足としています。

ところが、これがリッツ・カールトンになると、その2つだけでは顧客満足は手に入りません。「感動をもたらすホスピタリティ」が提供できて、ようやくお客さまに満足していただけるというように、そのハードルはグンと上がります。

また、一般的な車のディーラーは、顧客満足度を向上させるために、「あいさつ」「身だしなみ」「店内の清潔さ」「見送り」「整備内容の説明」などに力を入れています。

しかし、トヨタでナンバーワンのおもてなし計画を誇る「レクサス 星が丘店」の場合は、これではまだまだ足りません。

ここでは、来店されたご夫婦の奥様のストッキングが伝線しているのに気づいた女性スタッフが、すぐに2軒隣の三越百貨店まで走り、同じ色のストッキングを購入し、商談の終わったころ「よろしければお使いくださ い」とテーブルの下でさりげなく手渡すといったことが当たり前のように行われています。このレベルの接客でないとお客さまは満足させられないというのが、「レクサス 星が丘店」のスタッフの共通認識なのです。

このように、同じ単語、同じフレーズでも、その解釈にはずいぶん幅があります。

それゆえ、社員が無自覚に言葉を使っている会社は、意思疎通に齟齬や誤解が生まれやすくなるため、コミュニケーション効率が悪いのです。

もちろん、すべての言葉の意味やニュアンスを正確に伝えることはできません。しかし、ビジネスの鍵となる言葉の理解や解釈は、社員によって差がないほうが望ましいといえます。

もし、社内で、自分ではわかりやすく説明しているつもりなのに、なかなかこちらの意図が伝わらなかったり、別の意味にとられてしまったりということが頻繁に起こるなら、それは社員が同じ方向を見て仕事をしていないからです。

会社が目指すゴールのフォーカスが甘いから、それはこういうことだろうと、そこに個人個人の解釈や思い込みが入り込む余地が大きくなる。だから、合意形成やすり合わせに時間がかかるのです。

そして、これは、企業理念や未来像といった会社の価値観を明確にすれば、ブレが小さくなって、コミュニケーション効率が上がると言い換えることもできます。

さらに言うと、それまでぼやけていた会社の「想い」を整理して、社員の誰もがそれを正確に「理解」でき、「共感」し、それを「行動」に移せるようくっきりとした輪郭を与えるというのは、ブランド構築における「インナーブランディング」の中心となる考え方でもあるのです。

なお、私たちがインナーブランディングを行う際は、会社の想いをカタチにしたブランドコンセプトを構築し、社内に浸透させるために、その企業独自の価値観を「カルチャーブック」というツールにまとめています。

これは経営陣がつくって、できたものを社員に押しつけるのではなく、一人ひとりが想いを語り、意見を戦わせながら、社員全員でつくり上げていくものです。

そのため、でき上がるまで数ヵ月かかりますが、制作の過程で経営者の会社に対する想いが社員に伝わるし、社員のほうもそれを仕事を通じてどう表現すればいいのかといったことをじっくり考えるので、完成するころには一体感が相当高まっています。さらに、そのカルチャーブックを全員が携帯し、事あるごとにそこに立ち返るようにしているうちに、その一体感は会社の文化に昇華していきます。

そうなると、会議で「顧客満足」という言葉が使われても、参加者がそれぞれ別の顧客満足をイメージするようなことはなくなります。

この段階までできたらもう心配はありません、デジタル化も額面どおり、コミュニケーション効率の向上に寄与してくれるはずです。

Chapter 3

組織強化のインナーブランディング

勝つために、時代の最先端を行く！

企業理念やビジョン、事業の意義、会社の使命、付加価値といった要素が相まってでき上がるのが企業のブランドです。そして、そのブランドを社内に浸透させることを「インナーブランディング」といいます。

先日、ある外食チェーンの社長から相談を受けました。

それは、次のような内容です。

「かつては店舗数で競合に差をつけていたが、数年前から売上が伸び悩み、コロナ禍でさらにお客さまも減って撤退店も増えた。ここにきて同業他社は業績を回復しつつあるのに、自分のところの店の多くは相変わらず苦戦が続いている。いったい自分たちのどこがいけないのか教えてほしい」

この社長は60代。外食産業の経験も長く、業界のこともよくわかっています。しっかりした経営哲学の持ち主でもありますから、おそらく苦境を脱するために、さまざまな手を尽くしてきたことが推察できます。

このとき私は、その会社のことを、それほど詳しくは知らなかったのですが、社長の顔を見ているうちに、ふと、ある考えが頭に浮かびました。

「ちょっと失礼します」

私はそう断って自分のスマートフォンを取り出すと、あるアプリを開きました。やっぱりそうだ。自分の予測が的外れではないことを確信した私は、社長にこう伝えました。

「社長、たぶん原因はデジタル対応の遅れです」

私が開いたアプリは、誰のスマートフォンにも入っているGoogleマップでした。

その外食チェーンはロードサイド中心に店舗展開をしているということなので、郊外を走る主要幹線道路に沿ってアプリの地図をスクロールしていったのですが、出てくるのは競合店ばかり。その会社がチェーン展開している店のアイコンは、いつまで経っても表示されません。

Googleマップに、店舗情報を登録していないのは明らかでした。

平日、ロードサイドにあるそのチェーン店の主要な客層は、トラックやタクシーの運転手、それから車で移動する営業社員です。

とくに長距離を移動するトラック運転手などは、その土地土地にどんな食堂があるか詳しい情報をもっていません。そこで頼りになるのがスマートフォン。何が食べたいかや駐車場の有無などで検索して店を決める人が多いのです。行ったことのない店でも車載のカーナビやスマートフォンのナビアプリが道順を教えてくれるので、迷うことはありません。

しかし、検索しても店がヒットしなければ、検討すらしてもらえない。ウチはどこよりも安くて旨い、他店にない珍しいメニューもあるといくらセールスポイントを並べても、その情報がお客さまに届かなければ、スタートラインにすら立てないのです。

デジタル化というと、誰の頭にもすぐに浮かぶのは、タブレットを導入して紙の書類をなくしたり、これまで手作業だった業務をＡＩやロボットに置き換えたりするといったことでしょう。こういうわかりやすいデジタル化は、取り組みやすいといえます。

しかし、デジタル化にはさまざまな側面があります。

たとえば、レストランが空いている時間に近所にいるお客さまに対して、「今から2時間、通常価格の20％引きで料理を提供します」という情報をSNSで発信するというように、デジタル技術は、顧客サービスや新たな顧客獲得のために使うことだってできるのです。

けれども、そういう目的のためにデジタル技術をどうやって活用していくかといったことを真剣に考えている会社は、そう多くはありません。実にもったいないことです。

私がそういう話をすると、その外食チェーンの社長は、たしかにGoogleマップに店舗情報の登録はしていないが、テレビでスポットCMを流したり、新聞や雑誌に広告を出稿したり、折込チラシを配布したりと、PR活動には力を入れており、広告宣伝費も他社に負けていないと、いささか不満そうでした。やるべきことはちゃんとやってきている。Googleマップがどうこういうのは、マーケティングの本質ではないと思っているのは明らかでした。

要するに、デジタルの活用や効果を実感できていないのです。

社会全体のデジタル化が進んだ現在に、過去の常識をそのまま持ち込むくらい危険なことはありません。

たとえば、テレビでスポットCMを流しても、昔ほど若い世代には刺さらないし、情報も伝わりません。なぜなら、彼らはもうテレビを観ていないからです。

たぶん、社長だって、若者のテレビ離れが起こっているということは、知識としてもっているはずです。一方で、自分は相変わらず朝はNHKのニュース、夜は民放の報道番組を観て、それで社会の動きを知るということを続けている。だから、若者がテレビを観なくなったという現実が、肌で感じられないのです。

また、普段からLINEで連絡を取り合うこともせず、ツイッターやフェイスブックもやらず、YouTubeとも無縁の生活をしていたら、SNSでお客さまにアプローチをするといった手法は絶対に思いつかないし、ましてやそれがどれほどの効果を発揮するか、説明されてもイメージできないのも仕方ありません。

でも、それではデジタル技術を、ブランディングをはじめとした、いろいろな分野で効果的に活用している他社との差は開くばかりです。

そして、こうも言えます。

「社長自身が変わらないかぎり、真のデジタル化は難しい」

といっても、社長が今すぐフェイスブックやツイッターを始めたり、YouTubeチャンネルを開設したりすべきとか、そういうことを言っているのではありません。

もちろん、そういうことをやってみたいという意欲があるのなら、どんどん挑戦してみたほうがいいと思います。

ただ、デジタル化以前の常識がからだに染みついている50代以上の社長が、いきなり若者と同じようなことをいわれても対応できないだろうし、快適さを享受するどころか、逆にストレスになりかねません。傍からも痛々しく見えてしまいます。

自分にはデジタルのことはわからないという人は、無理にわかろうとせず、それを理解し使いこなしている若者の言葉に耳を傾けるようにする。正解はこれです。

20代の社員を集めて、「SNSで自社のファンを増やすいい方法を考えてほしい」と課題を与えれば、すぐにいくつも挙がってくるでしょう。

そこで、「LINE公式アカウントを開設して、クーポンを配信する」という提案があったとします。それがどんなもので、本当に効果があるのかよくわからなくても、デジタルのことはデジタルネイティブの彼らのほうが詳しいのだからと腹を決めて、任せてみるのです。

あるいは、SEO対策の提案が、外部のIT事業者から持ち込まれたとしましょう。ところが企画書を見ると、検索順位を上げるのに数千万円もの費用がかかることになっています。そんなわけのわからないものにお金を使うくらいなら、テレビのスポットCMの量を増やしたほうがいいと、検討すらしなかったかもしれません。

それを、20代の社員をデジタル事業の責任者にして、彼が意思決定に参加できるような組織に変えるのです。

このように、デジタル化とその活用に関しては、それがよくわかっている若者に権限を移譲していくのが、最も賢明なやり方だといっていいと思います。もちろん、20代や30代の社長なら、どんな業種であれ、今後ＩＴは避けられない経営課題になりますから、教室に通ってデジタルの基礎を勉強し、簡単なプログラムくらい自分で書けるようにしておくくらいのことは、やっておいたほうがいいでしょう。


もうひとつ、「デジタル技術は、陳腐化も速い」ということも付け加えておきます。

デジタル化に対応できる体制をつくって安心していたら、いつの間にかその技術が時代遅れになっていて、いち早く取り入れた最新技術をマーケティング戦略に使った他社に、既存客をごっそりもっていかれたといったことは、デジタルの世界では珍しくありません。

デジタル化はいちどやればそれで十分というわけではなく、常にアップデートしていかなければならないということを、忘れてはいけません。

ポストコロナ時代のインナーブランディングにおいては、デジタル活用のための組織強化を前提に考える必要があるのです。

意思決定前に、仮説を立てて考える

設備投資や新規事業の立ち上げから人材採用に至るまで、最終的に判断を下すのは、社長です。意思決定こそが、社長の仕事だといっても過言ではないでしょう。従って、決断が苦手だという人には、社長の職は務まりません。どんなに複雑な経営課題であっても、社長は必ず決断しなければならないのです。

もちろん、意思決定には結果が伴います。単純にいえば、その会社が市場で生き残れるかどうかは、トップである社長が下す意思決定の精度が鍵を握るのです。

では、意思決定力を高めるにはどうすればいいのでしょうか。

正しい意思決定をするには、必要な情報を集める必要があります。

情報が不足している場合は、足りない部分を、こうなのではないだろうか、こうに違いない……と、自分の想像や思い込みで埋めなければならなくなるため、どうしても精度が落ちます。

ならば情報は多ければ多いほど精度が上がりそうなものですが、実は、そんなこともないのです。

もし、完璧な意思決定に必要な情報が、トランプのカードのように、最初から数が決まっているのであれば、正しい判断を下すためにできるだけたくさん情報を集めるというのは理にかなっています。

しかし、一般的に、意思決定に必要な情報はこれだけ、とあらかじめ限定するのは不可能です。

トランプなら52枚のカードを集めれば100％の情報を手に入れたこと

になりますが、総量がわからなければ、同じだけの枚数のカードが手元にあったとしても、それは全体の1パーセントかもしれません。

結局、どれだけ情報を集めても、不確定な箇所というのは必ず残ります。つまり、情報収集はどこまでいっても切りがないのです。

それなのに、情報がないのは不安だと、資料やデータの探索にばかり時間を費やすと、今度は集めた情報を分析し、判断を下すために思考するという、その先の最も重要なところが疎かになって、結局正しい判断が下せなかったということにもなりかねません。

意思決定がうまくできないという人には、こういうタイプがわりと多く見受けられます。

意思決定が難しいのは、今ここにある現実ではなく、未来の世界を想定し、そこでうまくいくかどうかを判断しなければならないからです。

なにしろ未来というのはそれがどうなるか、誰にもわかりません。

それでも、社会の変化が緩やかだった時代ならば、それほど苦労せずとも、比較的正確に未来を思い描くことができました。

だから、過去の成功事例をいくつも知っている人は、それを参考にすれば、たいがいのことはうまくいったのです。

しかし、現代のように変化のスピードが速いと、半年前は正解だったやり方がもう通用しないというようなことが、当たり前のように起こります。そうなると、成功体験は通用しないどころか、逆に判断を誤らせる要因になりかねないのです。

そこで、私のお勧めは、「日ごろから仮説を立てて考える」という訓練をするということになります。

たとえば、新しいＩＴ技術が開発されたというニュースを新聞で読んだとしましょう。そうしたら、それを単なる情報として頭に入れるだけでなく、その技術を使ったら、自分のところでもこんな商品がつくれるのではないかというように、仮説を立ててみるのです。

あるいは、カフェのBGMで流れていた音楽が妙に印象に残ったら、この曲を自社の採用ツールに利用できないか考えてみる。

また、会社の会議でも、ただ議事録を取って終わりにせず、「もしAをBに入れ替えたらどうなるだろう」「ターゲットに男性だけでなく女性も加えるとしたら、商品にどんな機能が必要になるか」と、話を聞きながら仮説を立てることを習慣にするのです。

コンサルタントの大前研一氏は、「もし私が○○社の社長だったら、この先どんな事業展開を行うか」というように、仮説を立てて考える思考訓練を、今も続けているといいます。

すでに70歳を超えているにもかかわらず、あらゆる事象に対し、相変わらず切れ味鋭い解決策を提示できるのには、そういう理由があるのです。

それから、立てた仮説はできるだけ多くの人に話すこと。

そうすると、「それはおもしろい、実現できるかもしれない」「いいかもしれないけど、コストがかかりすぎるんじゃないか」「だったら、この部分をこうしたらどうだろう」といった何らかの反応があるはずです。

自分の頭のなかだけで思考していると、発想の幅が狭かったり、偏りがあったりしても、なかなか自分ではそれに気づくことができません。

そこで、フィードバックをもらうことで、その点を補うのです。

こんな考え方もあったのか。こんな視点が抜け落ちていた。そういう発見があったらその分だけ、あなたの仮説力は高まったといえます。

重要な意思決定の際も、決断を下す前に仮説を立て、それを信頼できる人に話してみるといいでしょう。

反応がよければ自信をもって進めればいいし、そうでないなら意見を参考に再考し、修正する。

そうすることで、意思決定の精度は確実に上がります。インナーブランディングによって、組織を強化していくためには、社長自身の意思決定力の強化も必要なことになります。

ポストコロナ時代こそ、ブランド戦略を!

新型コロナウイルスの流行による世界的パンデミックが、多くの会社にとってマイナス要因だったのは間違いありません。

直接的には人々の移動や行動が制限されたことが企業活動の妨げになったわけですが、私は、最大の問題は、人々の「マインドの変化」だと思っています。

未知のウイルスは治療法もわからず、いつまで経っても収束しない。それなのに、政治も的確な対応ができず右往左往するばかりで、国からは何としても国民を守るという力強いメッセージがまるで伝わってこない。

そういう状況下に長い間置かれたら、誰だって不安が募り、たとえお金があっても将来のために手を付けずにおこうという気になります。

新型コロナ対策に政府が支給した特別定額給付金の7割が貯蓄に回されていたのも、将来の経済不安が理由でしょう。

バブル崩壊以降長らくデフレが続き、人々の消費に対する意欲が低下しているところに、今回のコロナ禍の到来で、ますますマインドが委縮してしまったのです。
人々が不要不急の消費に対し後ろ向きになってしまっているのですから、会社の経営が厳しいのは当然です。だからといって嘆いていても、状況は一向に改善しません。コロナ禍もいずれ落ち着き、正常な経済活動ができるようになる日は必ず来ます。

そうなったときに、「この企業を応援したい」「この商品やサービスを使いたい」とひとりでも多くの人から言ってもらえるよう、しっかりと準備をしておく。それが今、企業のやるべきことだと私は思います。

具体的にいうとそれは、「会社の軸を固める」ということです。
この会社はどんな企業理念をもち、何を目指しているのか。
お客さまは誰で、その人に対し事業を通じてどんな価値を提供するのか。
強みは何で、足りないものは何か。

こういった会社の軸となることを、いったん全部棚卸しし、経営陣と社員とで一つひとつ確認していくのです。

これは、社内で、ブランドイメージを統一していく作業であり、まさに組織強化のインナーブランディングとなっていきます。

世の中の景気がいいときというのは、逆に立ち止まって、自分たちの軸は何かといったことを検証する余裕はなかなか生まれません。それに、会社の目的や提供価値がはっきりしていなくても結果が出るので、調子がいいと、そういうものに真剣に向き合うことの必要性がなかなか感じられないのです。

経営には企業理念やビジョンが必要だという話は本書で何度も繰り返してきました。それがないと社員のベクトルを合わせることができないので、力が分散して企業力が弱まります。

また、企業理念やビジョンがあっても社員がそれに納得し、共感していないと、社員の力を引き出すことができません。

自社の成長に必要な戦力を集めるためにも、企業理念やビジョンは不可欠なのです。

コロナが収束し、再び経済活動が活発になったとき、「私たちはこういう会社です」と社員の誰もが口にすることができれば、その会社は確実にいいスタートダッシュが切れます。

だからこそポストコロナ時代に進む今は、しっかりした軸をつくり、自社の付加価値は何なのかと考えていく、インナーブランディングにおける絶好のチャンスだと考えればいいのです。

未来への投資。これがインナーブランディング

前述したように、企業理念やビジョン、事業の意義、会社の使命、提供価値といった要素を、社内に〝浸透〟させることが「インナーブランディング」になります。

ただし、ここでの〝浸透〟とは、社員にブランドの意味を伝え、理解してもらうことだけではありません。一人ひとりが、それを自分事として捉

え、さらに、そのブランドコンセプトに沿った考え方や行動が自然にできるようになるというのが、インナーブランディングの目的です。

それには、社長が会社や事業に対する想いの背景にある物語まで、きちんと丁寧に語らなければなりません。


ただ、それが社員の腹に落ち、日ごろの業務にも反映されるようになるまでには、それ相応の時間をかけて社員と向き合う覚悟が必要です。

その代わり、インナーブランディングが進めば、社員に箸の上げ下ろしまで細かく指示しなくても、ブランドコンセプトに沿った「その会社の社員らしい」仕事が自主的にできるようになるので、調整や管理といった生産性に直接かかわらない負担が減って、経営効率は格段に上がります。

さらに、ブランドは、取引先やお客さまとのコミュニケーションにおける評価によって確立されていくといえます。従って、社員が自社を理解して、真摯な態度で、取引先やお客さまと向き合うことで、会社としてのブランドが醸成されていくようにもなるのです。

このインナーブランディングと、対外的に訴求する「アウターブランディング」を統合することによって、対外的なイメージと内実との乖離をなくせば、企業としてのブランド価値は、さらに高まるといっていいでしょう。

このようにインナーブランディングというのは、成長を目指す企業がすべき、未来に対する最も効果的な「投資」なのです。

会社の付加価値を上げるのは〝人〟

インナーブランディングを成功させるには、それに見合う人材が、社内にいなければなりません。

いくら社長が高邁な理論を掲げても、社員のほうがまるで理解できなければ、それを浸透させるのは不可能だし、ましてや社員の行動変容などできるはずがないのです。

また、たとえ理解できたとしても、価値観が違えば、受け入れようとはしないでしょう。給料に惹かれて入社を決めた人に、常に地球環境のことをいちばんに考えて仕事をしない社員は評価しないといったら、すぐに辞めてしまうはずです。

インナーブランディングに取り組むにあたって社長がまずやらなければならないことは、ともにそれを推進していくのはどんな社員なのか、人材像を明確にすることです。

とくに採用にあたっては、それをはっきりと打ち出す必要があります。日本の場合、法律上いったん採用した人は、そう簡単に解雇できません。だからこそ、とりあえず戦力になりそうだからと、会社の価値観に合わない人を安易に採用していると、いつまで経ってもインナーブランディングが前に進まないということになりかねないのです。

とくに新卒の場合は、入社後のインナーブランディングを念頭に採用を進めるべきなのですが、残念ながら、とくに中小企業の社長の多くは、その自覚に欠けています。

どんな社員を採用したいのか社長に尋ねると、たいてい返ってくるのは、

「まじめで素直で、できれば前向きな人」といった、どこかぼんやりした答えです。

では、そのまじめで素直で前向きな人が、入社後ちゃんと戦力になっているのかというと、そういう人ほど会社に合わず、すぐに辞めていたりするのですが、それでも毎年、まじめで素直で前向きな人を採用しようとするのは、どう考えても論理的ではありません。

もちろん、会社が目指すゴールに突き進むために、どうしてもまじめで素直で前向きな人材が社内にいないと困るというような必然性があるのなら、それはそれでいいと思います。

けれども、そうではないのです。そういう社長は、まじめで素直に見えて、いくぶん前向きな人が、ただ好きなだけなのです。

そこは、考えを改めなければなりません。

一応棚卸しは終わっていて、会社の軸は明確になっていると仮定しましょう。そうしたら、会社を望むべき未来に向けて進めるためには、どういう能力や価値観をもった人材が必要なのか、その像を明確にする。そのうえで採用に臨むのです。

そして、採用には時間を惜しまないこと。人の本質を見抜くのは、ベテランの人事担当者にとっても簡単なことではないのです。

だからといって、業者に依頼してSNSの裏アカウントまで調査して、探し出すといったことまでするのはいささかやりすぎです。


そんなことをしなくても、面接にできるだけ時間をかければいいのです。あとは、可能ならばインターンシップやトライアル雇用で何日間か働いてもらい、そこで実務的な能力やコミュニケーション力を見て、総合的な判断を下すようにする。そうすれば、ミスマッチはかなり減らせます。

それから、SPIのような市販のテストの結果は、参考程度にしたほうがいいでしょう。そういうものでも事務処理能力くらいは測れるかもしれませんが、人間の才能は複合的かつ多面的なので、やはり、人が人を見て判断したほうが間違いは少ないと思います。

もうひとつ、会社の企業理念や事業の意義に本気で共感しているかと、その会社で働くことが本人の成長や自己実現に結びついているかを確認することも忘れないこと。能力やスキルは入社後に教えることはできますが、価値観を後から変えるのは非常に難しいからです。

これは、中途採用に関しても同じことがいえます。

中途は即戦力だからスキル重視で、価値観が合わなくてもいいだろうと甘くみていると、入社後に、その人の人生観や仕事観が周囲に悪影響を与え、結果的にインナーブランディングの足を引っ張るということが珍しくないからです。

もちろん、人材に関しては、採用で終わりではなく、その後の教育が、非常に重要なのは言うまでもありません。

とくに新卒の場合、マネジメントやリーダーシップといったビジネススキルだけでなく、広く人間力を高めるような「教育プログラム」をつくって実行することが大切です。

新卒社員は、直近の先輩社員や上司の影響を強く受けます。従って、「この人のようになりたい」というロールモデルになる人が、社内にいることが大切なのです。

では、どのような人がロールモデルになり得るかというと、それは仕事ができるだけでなく、人間的にも尊敬できる人です。そして、会社の付加価値をアップさせる力がある人だといえます。

日本のビジネスパーソンの多くは、入社をゴールと考えています。さらに、労働市場が発達していないため、入社後も自分を磨いて市場価値を上げるという発想も稀薄です。そのため、大手企業でも、仕事に必要なスキル以外の基礎能力は入社時がピークという社員が少なくありません。

そして、そういう人が新人教育にかかわると、「ここで働いても、この程度にしかなれないのか……」と見くびられてしまい、彼らの成長意欲を削いでしまうのです。

そうならないようにするには、入社後1年経ったら1年分、2年経ったら2年分、ビジネスパーソンとしてだけでなく、人間としても成長できるよう、教育に力を入れるしかありません。

新入社員の前に、2年目の先輩が現れたときには、「1年経ったら、こうなれるのか」と、憧れと尊敬の目で見てもらえるというのが理想です。

とはいえ、「教育にも力を入れましょう」と話をすると、「お金をかけて育てても、何年かして辞められたらわりに合わない」と反論されることもあります。とくに中小企業の社長には、そういう考えの人が多いようです。ただ、価値ある教育をして、人を育てることができさえすれば、そんな不安は払拭されます。企業の原動力は、人に尽きるのです。

重要な〝ミドルマネジャー〟の役割

2016年8月、台湾の鴻海精密工業が日本の大手家電メーカーのシャープを買収し、大きなニュースになりました。

新社長に就任したのは鴻海グループ・副総裁の戴正呉《たいせいご》氏。

動揺するシャープの社員に対し、「この出資は買収ではなく投資であり、シャープは引き続き独立した企業である」というメッセージを、社長が直接ホームページで発信したことも話題になりました。

このように、トップが末端の社員に対しても、一瞬で情報を届けることができるようになったというのは、まさにＩＴ技術の進化の賜物だといっていいでしょう。その後、多くの企業のトップも、同様のやり方をとるようになっています。

また情報を、上から下へと階層を経て降ろす「ピラミッド型」の組織は非効率だと、最初から、中間層のない「フラット型」の組織でスタートするベンチャー企業も増えてきているようです。

そうなると、おそらくこれからはどの会社でも、ミドルマネジャーの存在意義が問われるようになってくるでしょう。

組織強化のインナーブランディング

組織のつなぎ役でしかないミドルマネジャーは不要という意見もよく耳にしますが、私はそうは思いません。

たしかに、ミドルマネジャーがいなくても、社長の考えをダイレクトに社員に伝えることは、今ではどこの会社でも、それほど難しいことではないはずです。だから、ミドルマネジャーの役割が単なるメッセンジャーでしかないなら、いなくてもいいということになります。

しかし、ミドルマネジャーの存在意義は、決して情報の仲介者だけではないのです。

社長や経営陣は、指揮官であり、会社の戦略の決定者。これに対して、現場で業務を遂行するのが社員と、ひとつの会社のなかでもこの両者は立ち位置が異なります。

そのため、メッセージを発信する側の意図が、すんなりと受け入れられることはまれで、そのまま伝えれば、当然のように誤解が起きるし、反発もされるでしょう。

そこで、情報発信者と受け手との間に立ち、メッセージの内容を相手に伝わるように翻訳したり、表現の仕方を変えたりするという役割を担っているのが、ミドルマネジャーなのです。

従って、優秀なミドルマネジャーがいる会社は、付加価値づくりやインナーブランディングがすぐに進みます。

とはいえ、若手の教育には熱心でも、ミドルマネジャーである部課長に対しては何もしていないか、せいぜい就任時に外部講師によるマネジメント研修を受けさせる程度……という会社が、ほとんどというのが実情ではないでしょうか。

家事代行産業の先駆者で、テレビドラマ『逃げるは恥だが役に立つ』の監修企業としても知られているベアーズでは、創業以来、会社のビジョンや働き方などは副社長の髙橋ゆき氏が直接社員に伝えていました。

しかし、5年前にそれを改めます。現在は、髙橋氏が、まず6名の執行役員とその下の幹部候補生12名に伝えるべきことを伝え、そこから、彼らの責任で社員に浸透させるという体制にしました。

これによってベアーズでは、以前にも増して経営がスムーズにいくようになったそうです。


組織が成熟して、ミドルマネジャークラスが育てば、トップの負担が軽減し、経営効率も上がります。また、インナーブランディングを加速させるためにも、若手だけでなく、部課長クラスのミドルマネジャー教育にも目を向ける必要があるのです。

「ビジョンマップ」で会社の未来像を描く

社長が、社員に伝えなければならない情報のひとつに、会社の「未来像」があります。

これがきちんと伝わり、社員と共有できないと、会社の一体感が生まれず、自社の付加価値にも気づかず、企業文化の醸成もできません。

けれども、未来の姿をきちんと伝えるというのは、誰にとっても非常に難しい作業なのです。中長期計画はつくれても、それは会社の未来像の代わりにはなりません。それで、多くの企業はただ現在の仕事だけに注力し、未来像を描くという大事な試みを後回しにしているのです。

だからこそ、インナーブランディングを進める際は、最初に未来像を固めるところから始めます。

しかし、社長に「〇〇年後の貴社の未来像を具体的に示してください」といっても、「え、えーと、そのころは事業も安定しているから、さらにSDGsに対する取り組みを強化して……、地球環境のためになるような……」というような言葉しか出てこないのが普通です。

そこで、当社では、まず社長に青写真を描いてもらい、次に、そこに役員や社員の声を加えて色付けし、一枚の絵にまとめる「ビジョンマップ（未来図）」という手法を用います。

ビジョンマップのつくり方を具体的に説明しましょう。

①社長にヒアリングし、短期（1〜2年）、中期（3〜5年）、長期（5〜10年）、超長期（10年以上）の各段階で、どんな会社になっているかそのイメージを詳細に語っていただきます。

②できるだけ多くの社員に、短期、中期、長期、超長期における、会社と自分の姿を、洗い出してもらいます。集計方法はワークショップ・WEBアンケートなどやりやすい方法で大丈夫です。社員の場合は、こうなっているだろうというシビアな質問をしても、なかなか回答が出てこないでしょう。その時点で「こうしたい」「こうなったらいいな」という夢や希望を聞いたほうが、書きやすいと思います。

③現在から20年後くらいまでの未来年表をつくり、そこに社員から回収した意見を、各人が想定した時期ごとに分け、整理します。同時に、

社員の夢や希望の種類ごとにグルーピングをしてみると、いろいろなものが見えてきます。

④「会社の未来の可能性」「会社が生み出す付加価値」や「自分たちが仕事で大切にしていること」「これから大切にしたいこと」なども社員に質問し、同じように意見を集め、グルーピングします。これによって現在の理念の浸透度や理解の度合い、さらに、社員が、会社に何を求めているかが一目瞭然となります。

⑤まとめた後は社内の誰もが見られる場所に掲示したり、WEB上で共有します。また、作成後に気づいたことも書き込めるようにしておきます。

さらに、そこから各要素（夢、希望、意見）の関係性が見えてきたら、かっこで括ったり矢印を加えたりするといいでしょう。補完するための雑誌記事などを追加するなどすれば、さらに厚みが出ます。

こうして集めた意見をまとめ、マップのようにデザイン化したビジョンマップは、それぞれ、これまで漠然と考えていた希望や不安を可視化してくれるのに役立ちます。

社長もそれをみることで、自分と社員の会社に対する考え方の違いや、思い入れ度合いの差を確認することができます。

このビジョンマップを作成し、掲示してから1~2週間経過したら、あらためて社長と社員で、会社の未来図について議論します。ここでは、ビジョンを具体化するだけでなく、夢を実現するために何が不足しているかを明らかにしていくことが大切です。

グループディスカッション形式にして、グループごとにでき上がったものを社長や役員にプレゼンテーションするなど、それぞれの会社の規模に沿ったやり方でかまいません。

そして、それらを統合し、デザイン化した一枚の絵にしていくのです。

それを見ているうちに、社長も社員もなんだかワクワクしてきたら、そのビジョンマップは成功だといっていいでしょう。

ここで、ビジョンマップの価値とつくり方が、さらに理解できるように、「カネテツデリカフーズ」の実践例をご紹介します。

カネテツデリカフーズは神戸に拠点をおく練り物メーカー。「かねてっちゃん」の愛称で親しまれ、関西では知名度の高い企業です。各地のスーパーに流通しているヒット商品「ほぼカニ」は、同社の代表商品。目にしたことがある人も多いのではないでしょうか。

この商品を一躍有名にしたのが、ある年のお正月特別番組です。

そこでは、目隠しをされた芸能人が、正真正銘のタラバガニと、この「ほぼタラバガニ」の両方の味を比べて、どちらが本物かを見分けるというゲームが行われ、なんと全員が正解を間違えてしまいました。これによって、カネテツデリカフーズの「ほぼタラバガニ」の味は、それくらい本物に近いということが証明されたのです。
そんな確かな技術をもったカネテツデリカフーズも、商品が練り物中心となるために、自社の未来というものに確信がもてていませんでした。
そこで当社に、カネテツデリカフーズの未来図をつくる手助けをしてほしいと依頼されたのです。

このときは、社長にインタビューするだけでなく、カルチャーブックをつくり、ブランドコンセプトやその背景のストーリーを整理し、あらかじめ方向性をある程度固めたうえで、社員に自由に発想してもらうというやり方をしました。

最初はなかなか意見が出てこなくて、どうなることかとやきもきしたものの、ある程度言葉のビジュアル化が進むと、だんだんと頭が整理されていき、それとともにこんな未来をつくりたいという社員のモチベーションも上がってきました。

そして、6カ月かけてでき上がったのが、下にある「練り物にとどまらない世界に誇れるシーフードカンパニー」という20年後の未来図です。

これが完成してからは、社内では、この未来図に沿った社員どうしの会話が活発になり、コミュニケーションの質が上がったといいます。これもまた、ビジョンマップの効果となります。

こういった過程こそが、組織強化につながるインナーブランディングのお手本といえるでしょう。

「社員が考える未来のカネテツ」

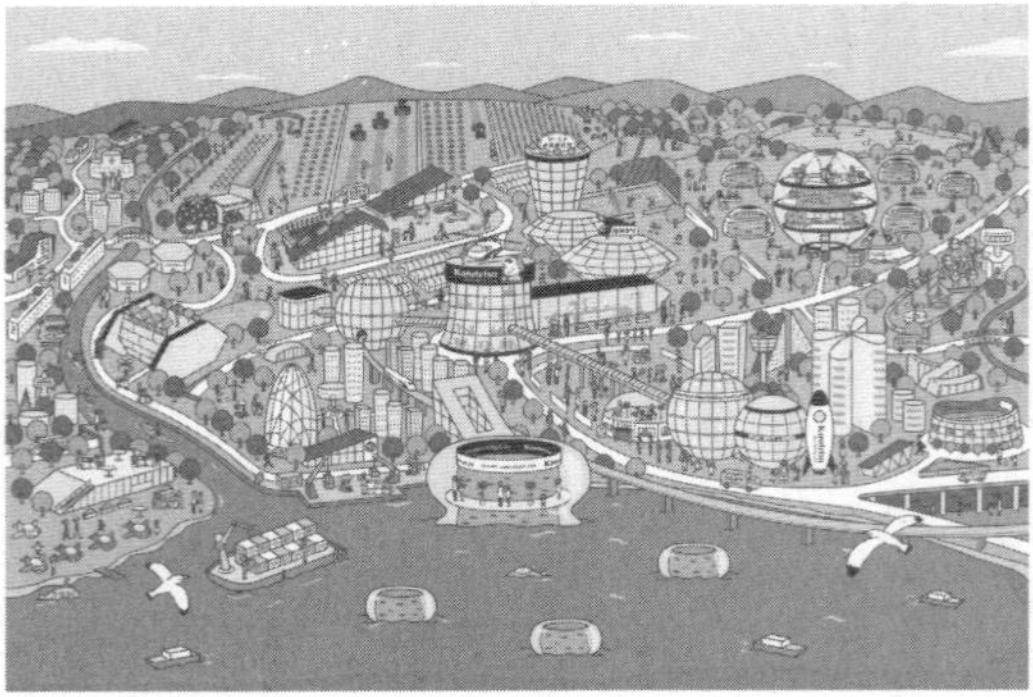

組織強化のインナーブランディング

Chapter 4

成長戦略としての〝ブランド〟とは？

インナー×アウター。ブランディングの本質

ポストコロナ時代の今、社長が変わることによって会社を変え、企業の存続と成長を狙った付加価値づくりを考え、ブランド構築を実施するのが、何より大切です。また、競合他社との差別化を図るチャンスが到来しているといえるでしょう。この章では、成長戦略としてのブランディングについて考えていきます。

前述した「インナーブランディング」とは、ひと言でいうと「社内に向けて行うブランド戦略」です。自社の企業ブランド、あるいは商品ブランドの社内理解と実践を促す活動であり、社員と企業理念や経営ビジョンの共有などをして、ブランドの価値向上を実現していくことです。

これに対して「アウターブランディング」とは、生活者や顧客など「社外に向けて行うブランド戦略」のことです。この2つのブランディングを並べると、多くの企業は、収益に直結するアウターブランディングを重要視

成長戦略としての“ブランド”とは？

しがちですが、インナーブランディングを軽視してはなりません。

なぜなら、ブランドをつくるのは「社員」にほかならないからです。

たとえば、経営者がどんなに素晴らしい理念を掲げ、企業として自社や商品・サービスのよさをアピールしたとしても、社員にそれが浸透していなければ、社員は本気でその商品やサービスを売り込もうとは思わないでしょう。「自社らしさ」を曖昧に理解していたり、「自社のよさ」を語ることができなかったりすれば、社員はうわべだけのことしか伝えられず、一時は取引先やお客さまに喜ばれても、永続するのは難しくなります。むしろ、「期待外れ」といった悪いイメージが定着しかねません。


ディズニーランドを例に説明したいと思います。

東京ディズニーリゾートを運営するオリエンタルランドは、「企業使命」として、「自由でみずみずしい発想を原動力に　すばらしい夢と感動　ひととしての喜び　そしてやすらぎを提供します。」を掲げています。

また、ディズニーテーマパークでは、Ｓａｆｅｔｙ（安全）、Ｃｏｕｒｔ

esy（礼儀正しさ）、Show（ショー）、Efficiency（効率）という4つの行動規準を設け、これによりゲストにハピネス（幸福感）を提供することができる、としています。

ところが、もし、お客さまを迎える「キャスト」が、行動規準に反するような、雑な接客をしたらどうでしょうか。その瞬間に、ディズニーに対するブランドイメージは大きく下がってしまいます。逆に、「キャスト」が提供するハピネスによっては、「やっぱりディズニーランドは素敵だな。また行きたいな」と印象づけられ、ブランドイメージは向上します。あるいは、「人に話したく」なるかもしれません。その結果、ディズニーのよさは、口コミで多くの人に伝わっていくはずです。

このように、自社の事業や理念をしっかり理解し、共感し、行動に移すことができる社員・スタッフの存在こそが、インナーブランディングを確立する重要な鍵になります。それゆえ、いかにそうした社員を採用したり育成できたりするかが、非常に重要になってくるのです。

成長戦略としての“ブランド”とは？

「社員」が企業の将来を、そして、ブランドを築いていく。インナーブランディングが「未来への投資」と言われているのはそのためです。

自社のブランドを理解していない社員を一から教育し、行動ができるようにさせる研修を実施することは、企業にとっては結構な負担になりますし、成果が出るまでに時間がかかります。しかしインナーブランディングは、長い目で見たときに企業を支えてくれる財産になることを忘れてはならないのです。また、アウターブランディングとインナーブランディングは別々にあるのではなく、互いに相補的であり、一方だけが存在するということはありません。いわば車の両輪のような関係です。両方ともに力を注ぐことを忘れないでください。

ヒト・モノ・カネが潤沢にない中小企業がやるべきこと

企業を経営していくうえで必要な経営資源は、一般的には、「ヒト・モノ・カネ」といわれています。

最近では、そこに「情報」を加えて語られることも多くなりました。

「ヒト」とは言うまでもなく、社員などの人材です。ビジネスをするにあたっては、人の力なくしては何もできず、人によってモノに手が加えられて価値が生まれ、その価値がカネに交換されます。

そういう意味では、ビジネスは人があってこそなのです。それだけに、採用だけでなく、その後の育成やモチベーション維持、自社にどう貢献してもらうかなど、ヒトに関わる諸問題は、企業の規模を問わず組織の永遠の課題だといえます。

一般的に、大企業は知名度がありますから、わざわざ宣伝しなくても人は集まります。新卒社員はもちろん、中途社員の募集に関しても、人集めに苦労することはあまりなく、大勢の人が集まれば、そのなかから自社に合う人選ができます。

一方、中小企業の場合は、よほど特定の技術があったり、メディアで話題になったりしないかぎり、「就職希望者が集まる」状況にはなかなかなりません。

希望者が少なければそれだけ人の幅もかぎられてしまうので、求める人材の採用には結びつかないこともあります。

中小企業においては、そうした入口での採用課題がありますから、なおのこと、こんな人に入ってほしいという要素を明確にした、綿密な採用戦略が重要になるのです。

「モノ」とはご存じのとおり、オフィスや工場をはじめ、機械や設備、備品など会社が所有する物理的な資源で、パソコンや社用車、不動産なども含まれます。これらのモノは、あればあるだけビジネスがしやすいといえますが、だからといってモノが豊富なら会社経営はうまくいくというわけではありません。

モノを使うのは人。

会社の成長や付加価値をつくり出すために使いこなせなければ、いくらモノがあってもそれは宝の持ち腐れです。同じことは、デジタル技術にもいえるでしょう。

「カネ」は、ビジネスを行うための運営資金です。ヒトの採用・育成にも、モノの購買、保守・管理にもカネがかかるのはいうまでもなく、資金が潤沢にあればあるほど、企業運営の選択肢は広まります。

ただし、何にどのくらい使うかといった選択を誤ると、痛手を被ることになります。なければないで、知恵を絞っていかに経営を成り立たせるか、考えるようになるでしょう。

この「ヒト・モノ・カネ」という経営資源に関して、中小企業は、大企業に比べて圧倒的に不利なのは否めません。だからこそ、付加価値を考え、ブランディングすることが重要になってくるのです。

「ウチはヒトもいないし、モノもカネもない……」と、それを理由に「できない」「仕方ない」というネガティブな意識になるのではなく、規模が小

成長戦略としての“ブランド”とは？

さいからこそ、「意思の疎通が迅速に図れ、決断もしやすく、小回りが利く」とポジティブに捉えることはいくらでもできます。

そして、「ない」からこそ、中小企業は一致団結して、自社のよさ、強みを議論して、それをブランド化していけばいいのです。

私たち、イマジナ自身も中小企業であり、自分たちも大手とは違った戦略で競争の激しい業界を生き抜かねばなりません。そのために、少数精鋭で日々スキルに磨きをかけるのはもちろん、さまざまな工夫を重ね、知恵を絞って事業を推進しています。

だからこそ、中小企業の切実な思い、持続可能な成長を願う気持ちは、痛いほどよくわかります。

そのため、ニッチな業界であればあるほど、その業界がどのような構造で、現在どんな状況にあり、今後期待されるポテンシャルは何か、といったことをしっかり突き詰め、理解する力があると自負しています。

かつ、私たちもまったく同様なのですが、「今あるものを生かす」、つまり、資本が少ない中小企業にとっては、今ある自社の強みや魅力を見直すことが、非常に大事だと思っています。

ただ、それは案外、自分たちではわかりません。

自分のよさが自分ではわからずに、人から指摘されて「ああ、そうなんだ。自分はそこがいいところなんだ」と気づくように、組織も、その一員である内側の人間だけでは、自分たちのよさが見えていない場合が多分にあります。

だからこそ、私たちイマジナのような外部の人間が第三者の視点で、クライアントの魅力をクローズアップすることができるのです。

私たちは、「クライアントは、1エリア1業種」をモットーに、数多くの企業のブランディングを手がけています。そして、その経験値から、「伸びている会社はなぜ伸びているか」という知見も併せもっています。

それゆえ、トップインタビューをはじめ、複数回のヒアリングのなかでうかがったことを、単に言葉だけで理解するのではなく、「伸びている会社のポイント」や市場環境なども合わせて、クライアントの未来を、クライアントと一緒に考えていくことができるのです。

このように、うわべだけでなく、経営課題まで理解してまとめあげていくことができるのが、私たちの強みです。

ブランディングは、将来への投資

中小企業が勝ち残っていくためには、今までの発想を転換する必要があります。

もちろん、ブランディングについてもしかりです。

これまでは、ブランディングというと、ロゴやパッケージ、店舗のデザインを、有名なデザイナーや建築家に依頼しようという発想だったかもしれません。

たしかに、かつてはそれがブランディングの王道でした。

そして、費用がかかるため、資源の乏しい中小企業にはブランディングなんてできっこない、と後ろ向きだった経営者も多かったかもしれません。

しかし、そうした見せかけだけをアピールするブランディングの時代は過去のものとなっています。


ポストコロナ時代は、データを収集・分析することがブランディングのベースとなります。

ネットやSNSではどういう言葉がトレンドになっていて、生活者はどんなものを求めているのか、競合他社が何をやっているのか、自分たちがベンチマークにすべき企業はどこで、その企業の売れ筋の根拠は何か……といったことを徹底してリサーチしなければなりません。

同時に「自社の強みやよさは何か」「将来どういう企業になっていたいか」といった、自分たちの想いやビジョンを、組織としてしっかりと共有していないと勝てないのです。

また、これが付加価値づくりにもつながります。

デザインのための投資であれば、目に見えるので「いいか、悪いか」などはわかりやすいのに比べ、ブランディングのためのリサーチや、人の教育コストは、短期的な成果が見えにくいため、そこまでの価値があるかわからず、それゆえ、ためらうこともあるでしょう。

ただ、ここで重要なのは、これらを「費用」として見るのではなく「投資」と捉えるということです。

ましてや、会社を、そして事業を、次世代に残そうと考えているならば、企業存続、事業発展に寄与するブランディングは必要不可欠のはずです。

では、具体的な投資の中身は何か。

ブランディングの場合、大きく2つの切り口が考えられます。

まずは、「外部的」なものです。

ブランディングには、客観的で、外部から俯瞰して見るような「アドバイス」が必要になるといえます。

これまでお伝えしてきたように、ブランディングは企業理念や、自社が大切にしているもの、将来どうありたいかといったことを、経営者と社員が共有したうえで、つくり上げていくものです。


全員が創業の原点に立ち返ったうえで、時代と社会に沿った「ビジョン」「ミッション」「バリュー」を構築することが必要です。

そのためには、社内で議論を重ねるのはもちろんですが、第三者の視点がないと、独善的なブランディングになってしまう危険があります。


老舗企業でも、社外の専門家とディスカッションをすることで、伝統という名前の上にあぐらをかいた、独りよがりの社風になることを戒めているのです。

また、同時に、外部の専門家を交えて議論することで、社員の心をブランド構築に向けて束ねていく効果も見込まれます。

成長戦略としての“ブランド”とは？

こうした理由から、外部的なアドバイスを受けるための「投資」が必要になるのです。

もうひとつは、「内部的」な切り口。その代表例が「社員教育」です。社内の末端にまでブランディングを浸透させるには、前述したように、ミドルマネジャークラスに対する教育が鍵を握ります。ただし、その教育には、当然「カネ」がかかります。

社内講師を育成するにしても、社外から専門家を招くにしても、きちんとした教育体制のなかで実施しようと思えばなおさらです。

そうなると、これらはすぐに成果が見えないため、投資をためらう経営者もいるかもしれません。しかし、それでは、これからのポストコロナ時代、生き残るのは困難です。

ブランドをつくり上げるのは、社員に尽きます。

すでに述べたように、コロナ禍の今だからこそ、ブランディングのための投資をしておくべきなのです。

実践のポイントは、「スピード感」にあり

大企業に比べると、「ヒト・モノ・カネ」の点で不利な中小企業ですが、逆に、大企業にはないメリットもあります。

そのひとつが、「意思決定のスピード」です。

多くの大企業は、組織が重層的になっているため、新規事業を始めるにしても、関連部門との調整が必要になるなど時間がかかります。

一方、中小企業はというと、経営者の即断即決でものごとを進めることができます。周囲への説明が必要な場合も、ステークホルダーが大企業ほど多くないため、それほど時間はかかりません。

このスピード感があるというのは、中小企業にとっての大きなアドバンテージになります。

また、「変化への対応力」があるというのも、中小企業の強みといえます。これは、経営者の思い次第で、ものごとに柔軟に対応できるという意味です。大企業であれば、ブランディングにしても、各段階でさまざまな調整が必要になります。また、途中で「これは違う」となったときも、組織が重すぎて、簡単に動くことができません。そうこうしているうちに、時間が経ってしまいます。

それに比べて中小企業は、身軽です。付加価値づくりやブランディングでも、経営者と現場が近いため、話が早く、市場が変わったことを察知したら、すぐに方向性を変えることができます。

もうひとつの強みが、「ニッチ市場への参入のしやすさ」です。ニッチ市場とは、大量生産ではない、コンパクトでこだわりのモノやサービスを提供するマーケットということです。

大手企業にとって、市場の小さいモノやサービスへの参入は、スケールメリットが見込めないため、あまり魅力ではありません。

これに対して中小企業は、小回りが利いて、少数のニーズにも応えられます。量は出ないかもしれませんが、そこに惹かれる生活者との関係性を築くことができるので、自社に対する「ファン」の獲得につながるというように、中小企業にとってはメリットが大きいのです。

このように、中小企業だからこその強みを生かせるフィールドは、いくらでもあります。だからこそ、今の時代、中小企業としてのブランディングには、多くのチャンスが秘められているのです。

「ブランドパーパス」を意識する

「ブランドパーパス」とは、直訳すると「ブランドの目的」です。「どのようなブランドになりたいか」に加えて、「自分たちのブランドを通じて、世の中にどのような影響を与えたいか」「どのように社会を変えていきたいか」「そもそもこのブランドは、何のために存在しているか」といった、事業やブランドの存在意義（パーパス）のことでもあります。

ブランドパーパスを考えるにあたり、ヒントとなるのは、創業者の想いや、事業スタート時のワクワクした気持ちです。

膨大な情報の海をただよっている現代の私たちは、しばしば、どこを目指して泳いでいるのか、目的を見失いがちです。目の前のことを一生懸命こなして先に進もうとしている間に、本来やるべきことが疎かになったり、モノゴトが本末転倒になってしまったことを経験した人も多いのではないでしょうか。

情報の大切さは、もちろん否定しません。しかし本来、便利であるはずの大量の情報が、事態を余計ややこしくしているケースもあります。これは、頭のなかに、こんがらがったケーブルが何本も放置されているような状態かもしれません。そうしたややこしさや余計なものを取りのぞいて、ごくごくシンプルに、「そもそもなぜ？」「そもそも何のため？」という原点に立ち返ることはとても大事です。

何ごとにも言えることですが、目的を見失ったり迷子になったりしたときは、原点、つまり最初に戻ることが原理原則とされています。

ブランドパーパスも、まさに同様で、「なぜ、自分たちはこのブランドをつくったのか？」をピュアな目で見つめ直してみることは、企業経営において非常に重要だといえます。

「ブランドパーパス」という言葉自体は、ここ数年、マーケティングの世界でよく聞かれるようになってきました。

どうして注目されるようになってきたかというと、やはり、環境変化に伴い、従来のブランディングの常識が変化してきているからではないで

成長戦略としての“ブランド”とは？

しょうか。

その変化のひとつが、フェイスブックやツイッターなどのソーシャルメディアの普及です。

これによって、誰もが情報発信できるようになりました。その反面、取引先やお客さまが、その会社や商品、ときには社員の言動までをチェックすることで、企業のブランド価値に影響を与えることも増えています。

企業の不祥事や不正はもちろんのこと、個人的に使用していた商品にちょっとした不具合が見つかっただけでも、それをすぐさまネット上にアップして拡散するといったことは、今や日常茶飯事といえます。

そして、そういうときも、企業は言い訳ではなく、商品やサービスの「存在意義」についてしっかり説明できないと、信頼の根幹が崩れ、顧客を失いかねません。

それから、従来の取引先や株主、社員、顧客といった直接的な利害関係者の方を向いて事業を進めるだけでなく、社会や地域などにも目を向けて、より広い視野をもって事業を営む必要性が出てきていることも、ブランドパーパスが注目されている一因でしょう。

これまでは「お客さまにとって」「社員にとって」といった視点で事業の目的を語れば済みましたが、今では、「社会にとって」「地域にとって」、あるいは「地球にとって」という、より広く深い視点で、「自社の存在意義」「ブランドの存在意義」を語らなくてはならなくなったのです。

また、かつては明確な差別化が実現できていた商品やブランドであっても、類似の商品やブランドが増えたことで差別化が困難になり、あらためて「ブランドパーパス」を、しっかりと見つめ直す必要に迫られているケースも多く見られます。

生活者の意識もますます多様化が進んでいます。「便利でカッコイイ」など、モノがもつ機能そのものやデザイン性はもちろんのこと、それに加え、「環境に配慮された商品か」といった社会性を重視する傾向も高まってきて

成長戦略としての“ブランド”とは?

います。
さらに、今回のコロナ禍で、対面でのコミュニケーションが難しくなったことも、ブランドパーパスがより重視されるようになった理由のひとつだといえそうです。

未来の組織図を設計して、道を突き進む

ここまで話してきたように、実は今、大手企業よりも中小企業のほうが、付加価値を生み出し、ブランディングでチャンスが広がりやすい状況になっています。理由は、中小企業ならではのフットワークのよさです。

ブランディングを進めるには、社長や経営陣と社員が方向性を擦り合わせ、価値を共有していかなければなりません。

しかしながら、多くの人がかかわるため、しばしば軌道修正も必要になります。そういった場合、規模的に考えても、中小企業のほうが対応しや

すいのは自明の理でしょう。

ただ、ブランディングは、それなりの時間がかかります。経営陣と方向性を擦り合わせ、会社の根幹を固めたら、それを社内で共有(伝言)していかなくてはならないからです。

このとき、機動力に優れた中小企業のほうが、軌道修正も早く、ブランディングを正しい方向に進めやすくなります。

では、ブランディングのために、何をすればいいのでしょう。

必要なのは、「未来の組織図」だといえます。

第3章でビジョンマップの解説をしましたが、同様に、短期、中期、長期、超長期それぞれの、未来の「組織」を考えてみるのです。

「未来の組織図」作成にあたっては、次の3つの問いかけをしてみると具体的なイメージがつかめてきます。

①　自分たちが事業を通じて、社会に提供している価値は何か？
（自分たちはそもそも、なぜこの商品・サービスを提供しているのか）

②　自社の将来の可能性は？

③　自分たちが大切にしている物、足りない物は何か？

この「未来の組織図」は、会社および組織の〝棚卸し〟といえます。これを行うと、自社の未来にあるべき姿が浮かび上がってきます。

そのうえで、「では、それに必要な組織にするにはどうしたらいいか」を考え、組織図のなかに、「人事部」「マーケティング部」など具体的なセクションの名称を入れ込み、図を描いていくのです。

最後に、それを今の組織図と照らし合わせ、ギャップを埋めていきます。未来の組織図を達成するために、どんなスキルをもった人材やポジションが必要なのか、また、現状では何が足りないのかを分析し、それを採用計画にも反映させます。

このように、自分たちはこれからどんな山に登るのか（どんな会社になっていくのか）を明確にすることで、社内に残るべき人とこれから集まってくる人を明確にできるのです。

中小企業がブランドを確立するために、自社の付加価値を見つめ直し、ブランディングの筋道を立てる手法として、この「未来の組織図」は、とても有効だといえます。

永続企業への付加価値とブランド確立

企業にとって、最も重要なことは「事業を継続する」ことです。

事業の内容は時代によって変わっても、創業の企業理念や大切にすべきものといった土台となるものさえしっかり備わっていて、なおかつ、自社ならではのブランディングができていれば、継続することは可能です。

そこで必要なのは、経営者も社員も、自社の「ストーリー」を語れるということになります。

ストーリーには、当然ですが、「はじまり」と「おわり」があります。「はじまり」は創業に至ったきっかけや背景、企業理念です。

では、「おわり」は何でしょう。

それは、「企業として目指す姿」です。

どんな山に登るのか、どんな目的地に到達するのか、何を達成するのか、それがストーリーの終結点となります。

つまりストーリーとは、「過去」と「未来」をつなぐものともいえます。

ただし、「過去」は創業時から現在までの期間に相当するので、どのくらいの時間軸で、何が、どうなったかを振り返って把握できますが、「未来」は、現在からいつまで続くかわかりません。

わからないがために、目指す姿がぶれてしまったり、社会環境に左右されたりといったことが起こりがちです。

そのため、「将来のことは考えられない。それよりも、現在の課題をひとつずつクリアしていくことで未来は開ける」という人もいます。

しかし、人も企業も、目の前の課題だけをこなしていれば、未来永劫安泰というわけではないのです。

100年続いている老舗企業は、それだけで賞賛に値します。しかしながら、100年続いたという事実は、これから100年続くということを意味するわけではありません。

単に、老舗である、歴史があるということにあぐらをかいて、経営に緊張感が失われるようなら、それまでの100年という時間は、会社にとってマイナスでしかなく、価値もありません。

だからこそ、「これまではなんとか続いてきたけれど、今後はどうなるかわからない。ここを目指して頑張るんだ……」といった、具体的かつ明確な目標を設定することが必要なのです。つまり、企業永続のためには、いかに顧客との関係性を長期で継続させていくかという「時間軸」を意識することも大切になるのです。

そして、これらの基盤となるものこそが、企業としてもつべき付加価値であり、ブランドです。

お客さまや取引先、そして地域や社会に、どんな時代で、どんな環境にあろうとも、常に満足感をもってもらえるような付加価値をもち、ブランドをつくり上げることができれば、企業永続への道が開けていきます。

そこで大切になるのが、インナーブランディングから始まるブランディング戦略の構築となります。そして、企業としての付加価値を、どのような形で生み出し、定着させていくかということになります。

ぜひ、１００年企業を目指して、ブランディングを実施、展開、達成することを考えてみてください。もちろん、声をかけていただけましたら、私たちイマジナもお手伝いさせていただきます。

おわりに

昭和初期から奈良県で住宅業を営む、イムラという会社があります。この最大の特徴は、地元の「吉野杉」を使った、高品質な「吉野杉の家」を提供していることです。

一般的なハウスメーカーが力を入れているのは、熾烈な競争を勝ち抜くために、顧客の購買意欲を刺激する広告宣伝を考えて販売促進戦略を立てるといった、直接的なアウターブランディングです。ところが、イムラの3代目社長を務める井村義嗣氏は、吉野杉の家の販売を展開するにあたって、「自分たちの仕事は何だろう」と問いかけるところから始めました。

自分たちが扱っている吉野杉は、山守たちが100年単位で育んできた「日本の宝」。その吉野杉がたくさんの職人たちの手によって「家」へと姿を変える。その家に住む地元の人たちは、良質な吉野杉に包まれ、豊かで健やかな日常を営む……。このように、自分たちは、こういった「吉野杉」を中心とした循環づくりを担っていると理解します。ただ、この循環は、何か1つでも欠けたら成り立ちません。地域に根付いてきたこの文化を次世代に継承していくことが自分たちの使命であると定義し、井村氏は、折に触れ、自分の考えを社員に伝えるようにしたといいます。

するると、徐々に社員の目が輝き始めました。

自分たちは単に家を建てて売っているだけでなく、地域循環のバトンを繋ぎ、文化を継承しているのだという自覚が芽生え、そんな自分たちの仕事が誇らしく思え、向き合い方や動き方が変わったといいます。

イムラの社員が手にした、こうした想いや熱意は確実に周囲に伝わっていきます。これが、雑誌に広告を載せたり、チラシを配ったりする従来のブランディング手法よりもはるかに効果的で、大きな効果を生み出しているのは間違いありません。

つまり、会社としての付加価値をつくり上げ、人を育てることによって、インナーブランディングに成功したのです。

このように社長が、本質的なブランディングを理解して、それを実践することができれば、社員が変わり、会社が変わっていくのです。ポストコロナ時代で勝者となるのは、こういう視点をもった企業だといえます。

そして、それができるかどうかは、企業を率いる社長にかかっています。コロナ禍収束後の新たな世界でも会社を永続させるために、社長は何をしなければならないか。本書がそれを考えるヒントになれば、こんなに嬉しいことはありません。

また、イマジナでも〝人〟を育て上げるために、入社した新人社員には、私自身が5年間、みっちりと教育するようにしています。イマジナの企業理念はもとより、ブランドパーパス、ビジョンマップ、未来の組織図などを説明して、徹底的なインナーブランディングを実施。そうすると社員は、「考えることが価値になる」ということに気づき、自分の可能性を広げ、膨らませるようになっていきます。

そして、イマジナとしての付加価値を揺るぎないものとした結果、現在までに、国内外2700社以上の企業に対して、内から外までの総合的ブランディングのお手伝いをするまでになりました。

ただ、私たちイマジナも100年企業を目指して、さらなる付加価値を生み出し、今後も成長を続けていきます。

その一手が、戦略的予防を根幹とする事業です。企業をつくり、支えているのは〝人〟。社員がパフォーマンスを最大限に発揮すれば、企業の力は何倍にもなります。だからこそ社員の健康管理というのは大切な観点です。企業が社員全体の健康を支援するために、CHO(チーフ・ヘルス・オフィサー)の設置を推進し、健康面からも企業の価値を高めていきます。

このようにイマジナは、まだまだ前に進みます。こうした私たちと一緒に進みたいと考えるコンサルタントやWEBデザイナーの方がいらっしゃったら、ぜひ、当社の門を叩いていただきたいと考えています。

最後となりましたが、本署の出版にあたりご尽力いただいた構成の山口雅之さん、プレジデント社の金久保 徹さんに心より感謝申し上げます。

2021年12月吉日

株式会社イマジナ 代表取締役社長 関野吉記

Profile……関野吉記

株式会社イマジナ代表取締役社長。London International School of Acting卒業後、イマジネコミュニカツオネに入社し、サムソナイトなど多くのコマーシャル、映画製作を手がける。その後、ビジネスの領域に転換、ステージを舞台や演出から企業へとシフトする。投資部門に出向し、アジア統括マネージャーなどを歴任。経営において企業ブランディングの必要性を痛感し、株式会社イマジナを設立。映像制作で身に付けたクリエイティブ手法を活かし、アウターとインナーを結びつけたブランドコンサルティングで、すでに2,700社以上の実績を挙げている。最近では活躍の場を地方自治体や伝統工芸にまで広げ、ジャパンブランドのグローバルブランド化を推し進めている。

イマジナに少しでも興味を持った方は、下記よりお問い合わせください。
https://www.imajina.com/

社長がブランディングを知れば、会社が変わる！
付加価値の法則

2021年12月22日　第1刷発行

著　者　関野吉記
発行者　長坂嘉昭
発行所　株式会社プレジデント社
〒102-8641
東京都千代田区平河町2-16-1 平河町森タワー13階
https://www.president.co.jp/　https://presidentstore.jp/
電話　編集 03-3237-3733
販売 03-3237-3731
販　売　桂木栄一、高橋 徹、川井田美景、森田 巌、末吉秀樹
神田泰宏、花坂 稔、榛村光哲

構　成　山口雅之、木村朱里（イマジナ）
装　丁　鈴木美里
組　版　清水絵理子
校　正　株式会社ヴェリタ
編　集　金久保 徹、川又 航

印刷・製本　大日本印刷株式会社

ISBN　978-4-8334-5184-0
Printed in Japan